사순절의 묵상

예수님은 누구신가

이성희 지음

비우는 묵상, 그리스도로 채우다

솔트마인
SALTMINE BOOKS

사순절의 묵상: 예수님은 누구신가

지은이 이성희
발행인 김하나
초판발행 2026. 2. 13.
등록번호 제2025-000078
발행처 도서출판 솔트마인
디자인 전혜원
주소 05307 서울시 강동구 양재대로 1585, 2층
전화 010-9525-0091
E-mail saltm.bks@gmail.com

ISBN 979-11-996243-2-0
값 15,000원

사순절의 묵상

솔트미·인
SALTMINE BOOKS

사순절의 묵상을 펴내며

사순절은 부활절을 앞두고 주일을 뺀 40일 동안 예수님의 고난과 죽으심을 묵상하며 경건하게 부활절을 기다리는 기독교의 중요한 절기입니다. 예수님께서 예루살렘 성에 입성하신 종려주일을 기념하여 종려나무 가지를 꺾어 한 해 동안 방에 걸어 말린 다음 사순절이 시작되는 수요일에 마른 종려나무 가지를 태워 재를 만듭니다. 그래서 사순절 시작의 날을 '재의 수요일'(Ash Wednesday)이라고 합니다.

'순'(旬)이란 열(10)을 의미하므로 사순이란 40일이란 뜻입니다. 사순절은 예수님의 고난의 의미를 마음에 새기며 부활절을 준비하는 절기로서 성경읽기와 회개, 절제와 금식을 통하여 자신을 성찰하는 기회입니다. 그런 의미에서 오래 전에는 사순절 기간에 생선은 허용하였지만 고기 먹는 것을 금하고 금욕을 권장했습니다. 그래서 사순절이 시작되기 전, 고기를 먹는 사육제(謝肉祭)인 '카니발' 행사가 개최되기도 했습니다. 현대에 와서는 금육(禁肉), 금식, 금욕 등의 규정은 완화되었지만 경건훈련, 구제활동 등으로 사순절의 의미를 새깁니다.

영어로 사순절을 의미하는 Lent(렌트)는 '봄'이라는 뜻을 가진 Lencten(렝텐)이라는 말에서 나왔습니다. 또한 렌트(Lent)는 '느리다'는 뜻을 가지고 있습니다. 사순절은 그리스도의 부활을 기다리는 계절입니다. 예수님께서 당하신 고난을 묵상하는 기간이지만, 고난보다 새 생명의 부활을 준비하며 기다리는 계절입니다. 사순절의 보라색은 위엄(dignity)을 뜻하며, 사순절의 엄숙함을 암시하면서 청결과 영적 씻음을 의미하고 있습니다.

종교는 두 가지 확실한 조건이 있어야 참 종교답습니다. 하나는 믿음의 대상이고, 다른 하나는 내세관입니다. 믿음의 대상은 삼위 하나님이며, 믿음은 하나님의 나라라는 분명한 내세를 얻게 합니다. 그런 의미에서 기독교는 참 종교입니다. 사순절은 경건과 묵상의 절기인데 우리의 경건을 통하여 무엇을 묵상하느냐가 핵심적 과제입니다. 우리는 믿음의 대상이며, 부활의 주인이신 예수 그리스도를 묵상해야 합니다.

동양 신비종교의 묵상과 기독교의 묵상은 전혀 다릅니다.

동양의 묵상은 마음을 비우기 위한 노력인 반면에 기독교의 묵상은 마음을 채우기 위한 시도입니다. 예수님은 비유에서 이렇게 말씀하십니다. 더러운 귀신이 사람에게서 나갔다가 쉴 곳을 얻지 못하고 다시 돌아가 보니 그 집이 비고 청소되고 수리되었습니다. 이에 자기보다 더 악한 귀신 일곱을 데리고 들어가서 거하니 그 사람의 나중 형편이 전보다 더욱 심하게 되었다는 것입니다. 비우기만 하고 채우지 않으면 이전보다 더 나쁘게 됩니다. 우리의 묵상은 그리스도로 채우는 과정입니다.

그래서 사순절 묵상의 주제를 '예수님은 누구신가?'라고 하였습니다. 고난과 십자가, 죽음과 부활의 주인이신 예수님을 깊이 알아가는 발걸음을 한 걸음씩 내디디려 합니다. 예수님의 발자취를 따라가다 보면 그분이 나의 그리스도이심을 고백하게 될 것입니다. 그리고 그분을 따르던 발걸음은 어느새 그분과 하나가 되고, 그분의 은혜로 가득 채워질 것입니다. 스펄전 목사님은 "그리스도를 묵상할 때 모든 상처가 치유된다"고 하였습니다. 그리스도의 묵상을 통하여 치유의 사순절이 되기를 원합니다.

C채널의 전파를 통해 사순절 매일 아침, 묵상의 길을 함

께 걷게 된 것에 감사드립니다. 사순절의 묵상을 책으로 펴낼 수 있도록 도와주신 김삼환 이사장님, 김하나 대표이사님, 이순창 사장님, 이성철 부사장님, 이필두 부사장님, 박원현 부사장님 그리고 글을 모아 책으로 엮어주고 디자인해 주신 전혜원 차장님께 감사드립니다. 또 사순절 아침마다 사랑하는 C채널 가족들이 함께 묵상할 수 있도록 방송영상을 만들어 주신 박신영 작가님, 용환 피디님, 카메라 감독님 그리고 제작에 참여하신 모든 분들과 더불어 사순절 묵상 방송과 출판의 기쁨을 나눕니다. 도서출판 '솔트마인'이 영혼의 양식인 책들로 세상에 참 맛을 내는 소금광산이 되기를 기대합니다.

2026년 2월

이성희 목사

십자가의 고난을 넘어, 부활의 영광까지

김삼환 목사(C채널 · 아가페문화재단 이사장)

계절의 흐름 속에서 대지는 차가운 겨울의 침묵을 깨고 생명의 기운을 준비합니다. 우리 영혼의 계절 또한 그러합니다. 그리스도인들에게 사순절은 단순히 슬픔에 잠기는 고난의 때가 아니라, 우리를 위해 십자가를 지신 예수 그리스도의 사랑을 통과하여 영광스러운 부활의 아침으로 나아가는 '영적 봄'의 시간입니다.

이번에 출간된 '사순절의 묵상'은 바로 그 영적인 봄을 맞이하기 위해 우리가 걸어야 할 가장 정직하고도 깊이 있는 길잡이가 되어줍니다. 이성희 목사님은 사순절의 역사적 유래와 '재의 수요일'이 갖는 엄숙한 상징을 시작으로, 우리가 왜 이 시기에 그리스도께 더 깊이 침잠해야 하는지를 명료한 논리와 따뜻한 영성으로 풀어내고 있습니다.

이 책이 제시하는 사순절 묵상의 핵심 과제는 단순하면서도 엄중합니다. “예수님은 누구신가?”라는 질문입니다. 이성희 목사님은 고난과 십자가, 그리고 죽음과 부활의 주인 되신 예수님을 한 걸음씩 알아가는 여정으로 우리를 초대합니다. 그 발자취를 따라가다 보면, 독자들은 어느새 자신의 상처가 치유되고 그리스도와 온전히 하나가 되는 신비로운 은혜를 경험하게 될 것입니다.

사순절은 느리게 걷는 계절입니다. 이 책과 함께 하루에 한 걸음씩, 천천히 그러나 분명하게 예수님을 향해 나아가십시오. 페이지를 넘길 때마다 보랏빛 사순절의 엄숙함이 여러분의 영혼을 정결하게 씻어내고, 마침내 부활의 찬란한 빛이 여러분의 삶을 가득 채우기를 간절히 소망합니다.

치유와 회복이 필요한 이 시대의 모든 그리스도인에게, 그리스도의 향기가 가득 담긴 이 묵상집을 기쁜 마음으로 추천합니다.

차 례

세 번째 10일: 예수는 하나님이시다

네 번째 10일: 예수는 새 생명이시다

Day 01-10

예수는 [그리스도] 이시다

첫 번째 10일

DAY 01

구원자로 오신 예수

오늘의 성경 구절/ 눅 2:8-14

8 그 지역에 목자들이 밤에 밖에서 자기 양 떼를 지키더니
9 주의 사자가 곁에 서고 주의 영광이 그들을 두루 비추매 크게 무서워하는지라
10 천사가 이르되 무서워하지 말라 보라 내가 온 백성에게 미칠 큰 기쁨의 좋은 소식을 너희에게 전하노라
11 오늘 다윗의 동네에 너희를 위하여 구주가 나셨으니 곧 그리스도 주시니라
12 너희가 가서 강보에 싸여 구유에 뉘어 있는 아기를 보리니 이것이 너희에게 표적이니라 하더니
13 홀연히 수많은 천군이 그 천사들과 함께 하나님을 찬송하여 이르되
14 지극히 높은 곳에서는 하나님께 영광이요 땅에서는 하나님이 기뻐하신 사람들 중에 평화로다 하니라

오늘은 사순절 첫째 날입니다. 이번 사순절 기간 동안 여러분과 함께 예수님의 고난과 십자가를 묵상하며 경건한 시간을 가지려고 합니다. 40일 동안 경건한 묵상에 참여하여 주님을 마음에 모시고 십자가를 가까이하는, 영혼이 기름진 시간이 되기를 기도합니다.

사순절은 문자 그대로 40일의 절기를 뜻합니다. 부활절을

앞두고 40일간 경건하게 예수님의 고난과 십자가를 묵상하는 절기입니다. 사순절을 일컫는 '렌트(Lent)'는 라틴어로 '봄'을 의미하며 '재의 수요일'(Ash Wednesday)부터 부활주일 전날까지 주일을 뺀 40일을 말합니다. 성경에서 40은 거룩한 하나님의 뜻이 담긴 숫자로 많이 등장합니다. 특히 예수님께서 40일간 금식하시며 광야에서 공생애를 준비하셨고, 부활하신 후에는 40일 동안 세상에 더 머무시며 하나님의 나라를 가르쳐 주셨습니다. 보라색은 고난과 회개 그리고 인내를 상징하는 색입니다. 사순절의 예전 색이 보라색인 것은 예수님의 고난에 동참하며 우리의 죄를 회개한다는 의미를 가지고 있습니다.

이번 사순절은 예수님의 탄생부터 그 의미를 살피며 시작하려고 합니다. 예수님의 탄생은 성탄절만의 주제가 아니라 예수님을 알아가는 첫걸음입니다. 이는 하나님께서 우리의 구원을 위하여 예비하신 십자가 여정의 시작이었으며, 우리를 향한 최선의 방법이자 최고의 축복이었습니다. 누가는 예수님께서 가이사 아구스도 때에 다윗의 동네인 베들레헴의 마굿간 구유에서 태어나셨다고 기록합니다. 그는 역사가로 예수님의 탄생을 역사적 사실로 적고 있습니다. 예수님께서 다윗의 집에서 태어나셨고 왕가의 후손이라는 혈통을 확실히 밝히고 있는 것입니다. '베들레헴'은 '빵집' 혹은 '떡집'

이라는 의미입니다. 아주 옛날 나오미는 떡집인 베들레헴에 떡이 없어서 모압으로 갔다가 룻을 며느리로 만났고 룻은 예수님의 조상이 되었습니다. 세월이 흘러 예수님께서는 다시 그 '떡집', 베들레헴에서 태어나 우리 영혼을 배불리는 '생명의 떡'이 되셨습니다. 마태는 예수님의 탄생을 경배한 이들을 동방박사로 기록했고, 누가는 목자들로 기록했습니다. 마태는 예수님을 '왕'으로 선포했기에 동방박사들이 예물을 드리며 경배하는 장면을 담았으며, 그 증거로 복음서 서두에 왕의 족보를 나열했습니다. 반면에 누가는 예수님을 사람으로 묘사했기에, 당시 사회에서 소외되었던 목자들이 탄생의 첫 목격자가 되는 장면을 기록했습니다.

누가는 예수님의 탄생을 기쁜 일이라고 합니다. 예수님의 탄생은 "온 백성에게 미칠 큰 기쁨의 좋은 소식"이라고 합니다. 예수님께서 우리를 구원하러 오신 것이 얼마나 기쁜 일입니까? 그런데 아버지 하나님께도 큰 기쁨이었을까요? 외아들을 세상에 보내어 고난당하고 죽게 하시는 아버지는 기쁨보다 조바심이, 웃음보다 슬픔이 컸을 것입니다. 탄생하신 아기 예수님의 첫울음은 마지막 십자가에서 "나의 하나님, 왜 나를 버리셨습니까?"라는 절규를 듣는 것만큼 하나님 아버지의 간담을 서늘케 했을지 모릅니다. 그러나 하나님은 친히 지으신 사람들을 죄에서 건져 구원받게 하시려는 큰 뜻을 펴셨고 우리의 구원을 보시며 기뻐하셨습니다.

오늘의 성경 말씀은 예수님의 탄생의 첫 목격자가 베들레헴 들판의 목자들이라고 합니다. 그들은 밤새 양들을 지키기 위하여 졸지 않고 양을 돌보았습니다. 어떤 이는 이 양들이 하나님께 제사하기 위한 양이므로 정성을 다하여 보살폈다고 합니다. 예수님께서 베들레헴에서 태어나신 것은 구약성경에 기록된 예언의 성취였습니다. 왕궁이나 으리으리한 집이 아니라 초라한 마굿간이었다는 것은 누구나 들어와 만날 수 있다는 겸손을 의미합니다. 예수님은 죄를 지어 짐승만도 못한 인류를 구원하시려고 짐승의 집에서 태어나셨습니다.

베들레헴에는 예수님께서 탄생하신 자리를 기념하는 교회가 세워져 있습니다. 베들레헴 성문은 어른들이 고개를 숙여야 들어갈 만큼 작은데 이 문을 겸손의 문(Door of Humility)이라고 부릅니다. 예수님의 탄생을 기쁘게 맞이할 수 있는 사람은 구유 앞에 고개를 숙일 줄 아는 겸손의 사람입니다. 이런 겸손의 사람이 십자가까지 주님을 따르게 될 것입니다. 겸손으로 주님을 따라 십자가까지 한 걸음 한 걸음 40일의 여정을 가는 그리스도인이 되시기를 축복합니다.

오늘의 기도

스스로 낮추셔서 나의 구주로 오신 주님을 묵상하며 주님의 겸손으로 사순절을 살게 하소서.

DAY 02

예수와 그리스도

오늘의 성경 구절/ 마 1:18-25

18 예수 그리스도의 나심은 이러하니라 그의 어머니 마리아가 요셉과 약혼하고
동거하기 전에 성령으로 잉태된 것이 나타났더니
19 그의 남편 요셉은 의로운 사람이라 그를 드러내지 아니하고 가만히 끊고자 하여
20 이 일을 생각할 때에 주의 사자가 현몽하여 이르되 다윗의 자손 요셉아 네 아내
마리아 데려오기를 무서워하지 말라 그에게 잉태된 자는 성령으로 된 것이라
21 아들을 낳으리니 이름을 예수라 하라 이는 그가 자기 백성을 그들의 죄에서
구원할 자이심이라 하니라
22 이 모든 일이 된 것은 주께서 선지자로 하신 말씀을 이루려 하심이니 이르시되
23 보라 처녀가 잉태하여 아들을 낳을 것이요 그의 이름은 임마누엘이라 하리라
하셨으니 이를 번역한즉 하나님이 우리와 함께 계시다 함이라
24 요셉이 잠에서 깨어 일어나 주의 사자의 분부대로 행하여 그의 아내를 데려왔
으나
25 아들을 낳기까지 동침하지 아니하더니 낳으매 이름을 예수라 하니라

예수님의 탄생은 신비 중의 신비입니다. 하나님이신 예수님께서 이 땅에 동정녀의 몸에서 아기로 오신 것이 신비이며, 하나님이 사람이 되신 것이 신비이고, 영원히 죽을 수밖에 없던 인류를 구원하러 오신 것이 신비입니다. 세상에서 예수님은 신비의 삶을 사셨고 언젠가 구원받은 우리가 그 신비 속에

살게 될 것입니다.

마태복음은 예수님의 탄생을 상당히 구체적으로 기록하고 있습니다. 요셉이 마리아와 약혼하고 혼인하기 전에 예수님이 성령으로 잉태되었습니다. 요셉은 마리아의 임신 소식을 듣고 적지 않게 놀랐을 것입니다. 그러나 그는 주의 사자가 전해주는 성령으로 잉태되었다는 말을 믿었습니다. 요셉이 그 말을 믿을 수 있었던 것은 그가 의로운 사람이었기 때문입니다. 당시의 율법에 따라 혼인하기 전에 임신하였다면 돌로 쳐야 하는데 요셉은 이를 가만히 해결하려고 하였습니다. 남의 허물이 사실이라도 드러내지 않고 가만히 덮어주는 것은 의로운 사람만이 할 수 있는 거룩한 행동입니다.

예수님은 이 땅에 오실 때에 선지자의 예언대로 두 이름을 가지고 오셨습니다. 그 하나는 '예수'입니다. 성경은 "아들을 낳으리니 이름을 예수라 하라 이는 그가 자기 백성을 그들의 죄에서 구원할 자이심이라"라고 합니다. 예수님의 이름은 예수님이 어떤 분이신가, 예수님이 오신 목적이 무엇인가를 분명히 밝히고 있습니다. 예수님은 구원자이시고, 우리를 구원하시려고 오셨습니다.

예수님께서 세상에 선포하신 첫 말씀은 "때가 찼고 하나님의 나라가 가까이 왔으니 회개하고 복음을 믿으라"(막 1:15)는 것이었습니다. 예수님께서 사람들의 병을 고치실 때도 "딸아 네 믿음이 너를 구원하였으니 평안히 가라 네 병에서 놓여 건강할지어다"(막 5:34)라고 하시며 구원을 선포하셨습니다. 예수님께 와서 옥합을 깨트려 예수님의 발을 씻은 여인에게도 "네 믿음이 너를 구원하였으니 평안히 가라"(눅 7:50)고 하시며 구원을 선포하셨습니다. 예수님의 삶은 우리의 구원자로서의 삶이었고, 모든 것이 구원에 초점이 맞춰져 있습니다. 그래서 찬송가에는 "천지에 있는 이름 중 귀하고 높은 이름, 주 나시기 전 지으신 구주의 이름 예수"라고 합니다.

예수님의 말씀과 예수님의 기적, 예수님의 죽으심과 부활은 모두 우리의 구원을 위함입니다. 예수님은 우리를 구원하실 구원자로 오셨기에 그 이름을 예수라고 한 것입니다. 그러므로 "누구든지 주의 이름을 부르는 자는 구원을 받으리라"(롬 10:13)고 한 말씀대로 예수님의 이름은 구원이며, 그 이름을 부르는 자는 구원을 얻게 됩니다.

예수님께서 탄생하실 때 가지시게 된 또 다른 이름은 '임마누엘'입니다. 성경은 "보라 처녀가 잉태하여 아들을 낳을 것이요 그의 이름은 임마누엘이라 하리라 하셨으니 이를 번역한즉 하나님이 우리와 함께 계시다 함이라"(마 1:23)고 합니다. 이 말씀은 구약성경 이사야 7장 14절의 인용입니다. 예수님께서 세상에 태어나기 800년 전에 이미 예수님의 이름이 주어진 것입니다.

우리는 단순히 죄란 하나님께서 하라는 것을 하지 않고, 하지 말라는 것을 하는 행위라고 생각합니다. 이 또한 죄이지만 엄밀히 말해 죄는 행위 이전에 하나님과 분리된 상태를 말합니다. 하나님과 분리되고 단절되어 있으니 하라는 것을 하지 않고, 하지 말라는 것을 하게 되는 것입니다. 하나님과 분리되어 있으면 하나님의 뜻을 헤아리지 못하게 됩니다.

임마누엘은 하나님의 성품입니다. 하나님은 우리를 고아와 같이 버려두지 않으신다고 합니다. 하나님은 우리와 함께 하시려고 우리를 지으셨습니다. 우리가 하나님을 떠났을지라도 하나님께서는 단 한번도 우리를 떠나신 적이 없습니다. 구원자로 오신 예수님은 그의 이름을 믿으면 구원을 얻는 길을 여셨습니다. 임마누엘로 오신 예수님은 하나님과 다시 하나가 되게 하시고 "내가 세상 끝 날까지 너희와 항상 함께 있으리라"고 하시며 다시는 떨어지지 않게 하십니다. 우리를 구원하시고 하나님과 하나가 되게 하시기 위해 이 땅에 오셔서 십자가에서 죽으신 예수님의 고난에 동참하는 사순절입니다. 예수님을 깊이 묵상하며 감사하는 사순절이 되시기를 축복합니다.

오늘의 기도

스스로 우리의 구세주로 오셔서 하나님과 우리가 하나 되게 하신 주님을 찬양하며, 구원의 감격으로 임마누엘의 삶을 사는 사순절이 되게 하소서.

DAY 03

사람으로 오신 하나님 예수

오늘의 성경 구절/ 요 1:9-14

9 참 빛 곧 세상에 와서 각 사람에게 비추는 빛이 있었나니
10 그가 세상에 계셨으며 세상은 그로 말미암아 지은 바 되었으되 세상이 그를 알지 못하였고
11 자기 땅에 오매 자기 백성이 영접하지 아니하였으나
12 영접하는 자 곧 그 이름을 믿는 자들에게는 하나님의 자녀가 되는 권세를 주셨으니
13 이는 혈통으로나 육정으로나 사람의 뜻으로 나지 아니하고 오직 하나님께로부터 난 자들이니라
14 말씀이 육신이 되어 우리 가운데 거하시매 우리가 그의 영광을 보니 아버지의 독생자의 영광이요 은혜와 진리가 충만하더라

성경은 예수님의 탄생 기사를 세 군데에서 각각 다르게 기록하고 있습니다. 마태복음은 예수님을 왕으로 묘사하여 동방박사가 예수님을 목격한 사실을 기록하며, 누가복음은 예수님을 사람으로 묘사하여 베들레헴의 목자들이 첫 목격자가 되었음을 강조합니다. 그런데 요한복음은 예수님의 탄생을 영적으로 해석하여 "말씀이 육신이 되어 우리 가운데 거하

셨다"고 기록합니다.

요한은 예수님을 '참 빛'이고, '말씀'이라고 합니다. 예수님께서 세상에 오심으로 세상은 비로소 어두움이 물러가고 질서가 생긴 것입니다. 예수님은 말씀입니다. 말씀은 하나님께서 세상을 창조하신 창조의 물질이며 원리입니다. 예수님께서는 태초에 계시는 모든 것의 원리이시며 하나님이십니다. 하나님은 만물의 원리인 말씀으로 세상을 창조하셨습니다. 보이지 않는 말씀으로 보이는 세계를 지으신 것입니다.

예수님은 보이지 않는 하나님으로서 보이는 육체 안에 들어오셨습니다. 이것을 우리는 '성육신'이라고 합니다. 영어의 'incarnation'은 라틴어로 '육체'(carne) '안으로'(in) 들어오셨다는 뜻입니다. 예수님은 보이지 않는 영적 존재이시지만 보이는 육체로 들어오셔서 육적 존재가 되신 분입니다. 예수님은 하나님이시며 동시에 사람이 되신 것입니다.

하나님이신 예수님이 왜 사람이 되셨을까요? 우리를 구원하시기 위한 신의 한수입니다. 사람은 사람을 구원하지 못합니다. 인명구조원이 물에 빠진 사람을 구조하려면 물에 빠진 사람의 머리카락을 잡아당기거나 겨드랑이에 끼고 물가로 나와야 합니다. 내가 내 머리카락을 당긴다고 나올 수 있지 않습니다. 누군가가 머리카락을 당겨줘야 합니다. 사람은 사람을 구원하지 못하고 하나님께서 구원해 주셔야 합니다. 그래서 우리를 구원하실 예수님은 하나님이셔야 합니다.

예수님께서 사람이셔야 할 이유 또한 우리를 구원하시기 위한 하나님의 사랑입니다. 인간이 죄 사함을 받고 구원을 얻기 위해서는 '피 흘림'이 있어야 합니다. 구약의 일관된 제사법이란 죄를 대신할 짐승을 잡아 피를 제단에 뿌리고 제사장이 하나님께 용서를 구하는 것입니다. 구약의 제사는 다섯 가지가 있습니다. 번제, 소제, 속죄제, 속건죄, 화목제입니다. 이 가운데 소제는 곡식을 고운 가루로 빻아 태워드리는 제사입니다. 그 외의 제사는 모두 짐승을 잡아 그 피를 제단에 드리는 것입니다.

피는 생명을 의미합니다. 피를 많이 흘리면 죽는데 이것이 피가 생명이라는 증거입니다. 특히 구약성경에서 피란 생명 그 자체입니다. 구약시대의 사람들은 피를 하나님이 주신 생명의 운반선(vehicle)이라고 생각했습니다. 하나님은 피가 생명과 일체이므로 모든 생명을 귀하게 여기라는 뜻에서 피 채 먹지 말라고 하신 것입니다.

성경이 가르치는 피의 제사는 생명을 드림으로써 죽을 생명을 다시 얻었다는 뜻입니다. 히브리서 9장 22절에는 "율법을 따라 거의 모든 물건이 피로써 정결하게 되나니 피 흘림이 없은즉 사함이 없느니라"고 합니다. 어린양이신 예수님은 피를 흘리심으로 우리의 죄를 사하셨습니다. 그래서 예수님은 성만찬을 행하실 때에 “이것은 죄 사함을 얻게 하려고 많은 사람을 위하여 흘리는 바 나의 피 곧 언약의 피니라”(마 26:28)고 하셨습니다.

하나님은 죽지 않는 신이십니다. 하나님은 죽으실 수 없는 분이시기에, 피 흘림이 필요한 인간의 구원을 완성하고자 예수님께서 인간의 몸을 입고 이 땅에 오셨습니다. 하나님이셔야 인간을 구원할 수 있고, 사람이셔야 피를 흘려 죄를 사할 수 있습니다. 그래서 예수님은 하나님이시며 사람이셔야 했고, 그리하여 우리와 같은 사람으로 세상에 오신 것입니다.

예수님은 우리를 구원하시기 위하여 사람이라는 천한 신분을 가지셨습니다. 예수님의 자기 비하의 사랑으로 우리는 죄 사함과 구원의 은혜를 누리는 것입니다. 우리와 같은 사람이 되셨기에 주님은 하나님으로 당할 수 없는 고난을 당하셨습니다. 우리를 구원하시려 인간의 몸을 입고, 하나님으로서는 경험할 수 없는 십자가의 고통과 죽음을 친히 감당하신 예수님의 고난에 깊이 동참하는 사순절이 되시기를 소망합니다.

오늘의 기도

피 흘려 우리를 구원하시려고 사람으로 오신 주님을 묵상하며 주님의 고난에 동참하는 사순절이 되게 하소서.

04 DAY

12살 예수

오늘의 성경 구절/ 눅 2:42-52

42 예수께서 열두 살 되었을 때에 그들이 이 절기의 관례를 따라 올라갔다가
43 그 날들을 마치고 돌아갈 때에 아이 예수는 예루살렘에 머무셨더라 그 부모는
이를 알지 못하고
44 동행 중에 있는 줄로 생각하고 하룻길을 간 후 친족과 아는 자 중에서 찾되
45 만나지 못하매 찾으면서 예루살렘에 돌아갔더니
46 사흘 후에 성전에서 만난즉 그가 선생들 중에 앉으사 그들에게 듣기도 하시며
묻기도 하시니
47 듣는 자가 다 그 지혜와 대답을 놀랍게 여기더라
48 그의 부모가 보고 놀라며 그의 어머니는 이르되 아이야 어찌하여 우리에게 이
렇게 하였느냐 보라 네 아버지와 내가 근심하여 너를 찾았노라
49 예수께서 이르시되 어찌하여 나를 찾으셨나이까 내가 내 아버지 집에 있어야
될 줄을 알지 못하셨나이까 하시니
50 그 부모가 그가 하신 말씀을 깨닫지 못하더라
51 예수께서 함께 내려가사 나사렛에 이르러 순종하여 받드시더라 그 어머니는
이 모든 말을 마음에 두니라
52 예수는 지혜와 키가 자라가며 하나님과 사람에게 더욱 사랑스러워 가시더라

성경은 예수님의 어린 시절을 자세히 전하지 않습니다. 누가복음에만 예수님의 어린 시절이 짧게 기록되어 있습니다. 외경에 예수님의 소년 시절이 기록되어 있지만 그리 신빙성이 있는 내용은 되지 못합니다.

예수님은 세상에 사람으로 오셨으므로 다른 아이들과 같은 시절을 보냈을 것입니다. 성경에 의하면 예수님께서 태어나셨을 때, 헤롯은 두 살 이하의 남자아이들을 다 죽이라고 명령했습니다. 아기 예수님은 헤롯의 살해 명령을 피하려 이집트로 피난을 가셨다가 헤롯이 죽었다는 말을 듣고 다시 유대로 돌아오십니다. 다시 돌아오신 예수님은 예루살렘도, 태어나신 베들레헴도 아닌 갈릴리 나사렛으로 가셔서 정착하셨습니다. 그래서 예수님은 '나사렛 예수'라는 이름을 얻게 되셨습니다.

예수님께서는 왜 '예루살렘의 예수', '베들레헴의 예수'가 아닌 '나사렛 예수'라고 불렸을까요? 적어도 왕이나 위대한 인물이라면 '예루살렘 예수'라 불려야 했을 것입니다. 그런데 예수님은 '나사렛 예수'이셨습니다. 당시에 나사렛이란 동네는 아주 천한 동네로 죄인이라고 일컫던 사람들이 살며 천민들이 우글거리는 동네였습니다. 요즘 말로 하면 '슬럼'에 가까우며 전통적으로 유명인을 배출한 마을도 아니고, 기억할 만한 역사적 사건도 없는 곳이었습니다. 예수님께서 빌립에게 "나를 따르라"라고 하셨을 때 그는 두 말 없이 예수님을 따랐습니다. 빌립은 친구인 나다나엘에게 "모세가 율법에 기록하였고 여러 선지자가 기록한 그이를 우리가 만났으니 요셉의 아들 나사렛 예수니라"라고 말하며 구약이 예언한 메시아를 만나러 가자고 제안했습니다. 그러자 나다나엘은 “나사렛에서 무슨 선한 것이 날 수 있느냐”라고 하였습니다. 나다나엘은 나사렛에서 멀지 않은 갈릴리 가나 사람이기 때문에 나사렛을 잘 알고 있었습니다. 당시 사람들은 나사렛에서 선한 것이 날 수 없다고들 했지만 선한 예수님이 나셨습니다. 선한 것이 나올 수 없다는 나사렛에서 선한 예수님이 나오셨다는 것은 엄청난 반전입니다. 이 반전이 곧 복음입니다.

예수님께서 나사렛에 오셔서 부모님을 순종하여 받드셨습니다. 아마 아버지 요셉의 일을 잘 도와드렸을 것입니다. 예수님의 아버지 요셉은 목수였습니다. 신약성경이 기록된 헬라어 성경은 목수를 ‘텍톤’이라고 하는데 이는 집을 짓고 설계하는 ‘건축가’에 더 가까운 의미였습니다. 요셉이 건축가 혹은 목수였다면 예수님도 그 일을 잘 하셨을 것입니다. 그래서 건축가이신 예수님은 산상보훈의 마지막에, 말씀을 듣고 행하는 자는 반석 위에 집을 짓는 자와 같고 행하지 않는 자는 모래 위에 집을 짓는 자와 같다고 하셨습니다.

예수님은 성령으로 잉태된 하나님의 아들이셨지만 세상에서 아버지인 요셉과 어머니인 마리아에게 효성이 지극한 아들이셨습니다. 십자가에서 돌아가시기 전 요한에게 어머니 마리아를 부탁하여 “네 어머니다”라고 하신 것만 봐도 예수님의 효성을 짐작할 수 있습니다. 예수님에게는 마리아가 낳은 예수님의 동생들이 여럿 있었습니다. 성경은 야고보, 요셉, 시몬, 유다라는 동생이 있었다고 하며, 또한 누이들도 있었다고 합니다(막 3:32). 예수님도 우리와 같은 사람으로 세상에 오셨으니 어릴 때는 동생들과 함께 장난도 치고 재미있게 지내셨을 것 같습니다.

신약성경의 '야고보서'와 '유다서'는 예수님의 동생들이 쓴 편지인데 편지의 앞부분에 자신을 "하나님과 주 예수 그리스도의 종 야고보", "예수 그리스도의 종이요 야고보의 형제인 유다"라고 표현합니다. 야고보와 유다는 함께 어린 시절을 보낸 자기 형을 그리스도이며 자신들이 그 종이라고 고백하는데 이는 위대한 자기 인식이며 정체성입니다.

우리를 구원하시려고 사람이 되시고 우리와 같은 어린 시절을 보내신 예수님을 그리는 사순절입니다. 부모님께 순종하고, 선생들에게 그 지혜를 인정받았던 예수님의 어린 시절을 묵상하는 사순절이 되시기를 축복합니다.

오늘의 기도

사람으로 이 땅에 오셔서 어린 시절을 지내신 주님을 묵상하며, 부모님께 순종하여 받드신 순종을 본받아 사순절을 살게 하소서.

DAY 05

시험 당하신 예수

오늘의 성경 구절/ 마 4:1-11

1 그 때에 예수께서 성령에게 이끌리어 마귀에게 시험을 받으러 광야로 가사
2 사십 일을 밤낮으로 금식하신 후에 주리신지라
3 시험하는 자가 예수께 나아와서 이르되 네가 만일 하나님의 아들이어든 명하
여 이 돌들로 떡덩이가 되게 하라
4 예수께서 대답하여 이르시되 기록되었으되 사람이 떡으로만 살 것이 아니요
하나님의 입으로부터 나오는 모든 말씀으로 살 것이라 하였느니라 하시니
5 이에 마귀가 예수를 거룩한 성으로 데려다가 성전 꼭대기에 세우고
6 이르되 네가 만일 하나님의 아들이어든 뛰어내리라 기록되었으되 그가 너를
위하여 그의 사자들을 명하시리니 그들이 손으로 너를 받들어 발이 돌에 부딪
치지 않게 하리로다 하였느니라
7 예수께서 이르시되 또 기록되었으되 주 너의 하나님을 시험하지 말라 하였느
니라 하시니
8 마귀가 또 그를 데리고 지극히 높은 산으로 가서 천하 만국과 그 영광을 보여
9 이르되 만일 내게 엎드려 경배하면 이 모든 것을 네게 주리라
10 이에 예수께서 말씀하시되 사탄아 물러가라 기록되었으되 주 너의 하나님께
경배하고 다만 그를 섬기라 하였느니라
11 이에 마귀는 예수를 떠나고 천사들이 나아와서 수종드니라

공생애를 향한 마지막 준비로 요한에게 세례를 받으신 예수님께서 마주하신 것은 바로 시험이었습니다. 왜 예수님께서는 공생애를 시작하시기 전에 40일간 주리시고 또 마귀에

게 시험을 받으셔야 했을까요? 예수님은 우리를 대표하여 시험을 받으셨습니다. 첫째 아담은 시험에 실패하여 인간에게 죄가 들어왔지만 둘째 아담인 예수님은 시험을 이기시고 죄를 사하셨습니다. 예수님께서는 신성과 인성을 동시에 가지고 오셔서 인간의 약함을 몸소 경험하시고 시험도 받으셨지만 말씀으로 이기셨습니다. 나아가서 우리에게 시험을 이기는 모범을 보이신 것입니다.

예수님께서 받으신 시험은 세 가지입니다. 첫째는 육신적인 물질의 문제입니다. 예수님께서 40일 동안 금식하신 후에 마귀는 예수님께 첫 번째 시험을 합니다. 돌들이 떡덩이가 되게 하라는 시험입니다. 사람으로 이 땅에 오신 예수님께도 40일의 금식은 극기의 한계이었을 것이고, 먹는 문제는 가장 절실한 요구였을 것입니다. 마귀는 인간이 가장 약할 때, 가장 근본적이며 필요한 것을 가지고 시험합니다. 아담은 먹음직한 선악과를 따 먹음으로 시험에 들었지만 예수님은 금식으로 이 시험을 이기셨습니다.

마귀는 주리신 예수님께 와서 "네가 만일 하나님의 아들이어든"이라고 시험을 시작합니다. 마귀는 예수님이 하나님의 아들인 것을 알고 있었습니다. 하나님의 아들에게 "하나님의 아들이어든"이라고 말하는 자체가 시험입니다. 만일 어떤 이가 그리스도인인 우리에게 "당신이 만일 그리스도인이

어든"이라고 한다면 이미 시험을 당하고 있는 것입니다. 예수님은 절대로 돌이 떡이 되게 하지 않으십니다. 하나님의 창조 질서를 파괴하고 정당하지 않는 방법으로 물질을 얻으려고 하는 욕망은 마귀가 주는 시험입니다. 이런 시험을 예수님은 "사람이 떡으로만 살 것이 아니요 하나님의 입으로부터 나오는 모든 말씀으로 살 것이라"는 말씀으로 이기셨습니다.

둘째는 정신적인 명예의 문제입니다. 첫 번째 시험에 실패한 마귀는 예수님을 거룩한 성으로 데려다가 성전 꼭대기에 세웠습니다. 그리고 다시 "네가 만일 하나님의 아들이어든" 뛰어내리라고 합니다. 성전 꼭대기란 예루살렘 성전에 있던 '작은 날개'라 불리던 망대를 말합니다. 마귀는 예수님께서 망대에서 뛰어내리면 하나님께서 사자들을 명하여 그 손으로 받들어 발이 돌에 부딪치지 않게 할 것이라고 하였습니다. 예수님께서 "하나님의 입으로 나오는 모든 말씀으로 살 것이라"고 하시자 마귀는 시편 91편의 말씀을 인용하여 예수님을 시험하였습니다. 때로는 하나님의 말씀을 교묘히 인용하며 가장 거룩한 모습으로 다가오는 마귀의 시험이 있을 수 있습니다. 예수님은 이 시험에 대해서도 "주 너의 하나님을 시험하지 말라"는 말씀으로 물리치셨습니다.

셋째는 영적인 종교적 문제입니다. 두 번째 시험까지 실패한 마귀는 다시 예수님을 데리고 지극히 높은 산에 올라가서 천하와 만국을 다 보여주었습니다. 이 산이 어느 산인지 알 수 없지만 성지에서 제일 높은 산은 헐몬산으로 높이가 백두산보다 조금 높은 2,814m입니다. 마귀는 자신에게 절하면 이 모든 것을 다 주겠다고 했습니다. 그러나 천하 만국은 한 번도 마귀의 것이 된 적이 없습니다. 태초부터 영원까지 하나님의 것입니다. 예수님은 마귀에게 "사탄아 물러가라 기록되었으되 주 너의 하나님께 경배하고 다만 그를 섬기라 하였느니라"고 말씀으로 물리치셨습니다. 예수님께서 단호하게 마귀를 꾸짖으신 것입니다. 예수님께서 그러셨듯이 마귀는 단호하게 물리쳐야 하며 마귀와는 어떤 타협도 있을 수 없습니다.

예수님의 생애는 시험의 연속이었습니다. 예수님의 말꼬리를 잡으려고 귀를 세운 사람들, 예수님의 행동이 율법을 어겼다며 고소하려고 눈을 부릅뜬 사람들이 늘 곁에 있었습니다. 그때마다 예수님께서는 말씀으로 시험을 이기셨습니다. 우리도 시험하는 자들로 우겨 싸여 있습니다. 시험을 이기신 예수님을 생각하며 시험에서 승리하는 사순절이 되기를 기원합니다.

오늘의 기도

말씀으로 시험을 이기신 주님의 모범을 따라 이 세상에서 온갖 끊이지 않는 시험을 말씀으로 이기는 사순절을 살게 하소서.

06 DAY

세 가지 사역을 가지고 오신 예수

오늘의 성경 구절/ 마 4:23-25

23 예수께서 온 갈릴리에 두루 다니사 그들의 회당에서 가르치시며 천국 복음을
전파하시며 백성 중의 모든 병과 모든 약한 것을 고치시니
24 그의 소문이 온 수리아에 퍼진지라 사람들이 모든 앓는 자 곧 각종 병에 걸려
서 고통 당하는 자, 귀신 들린 자, 간질하는 자, 중풍병자들을 데려오니 그들
을 고치시더라
25 갈릴리와 데가볼리와 예루살렘과 유대와 요단 강 건너편에서 수많은 무리가
따르니라

예수님의 전 생애는 그 자체가 사역이었습니다. 예수님의 탄생과 죽음과 부활까지 예수님께서 우리를 위한 구원 사역과 별개의 것은 하나도 없습니다. 그런 의미에서 성경 전체가 죄로 멸망 당할 인간을 구원하시기 위한 하나님의 뜻과 계획을 설명하고 있습니다. 이런 관점에서 보는 성경의 역사를 구원사라고 합니다. 예수님의 삶에 인간을 위한 구원이 없다면 예수님은 우리와 아무 관계가 없고 성경도 아무런 의미가 없습니다.

인간을 구원하기 위한 예수님의 사역은 세 가지로 함축됩니다. 예수님의 사역 현장인 갈릴리는 이스라엘의 북쪽 지방으로, 예루살렘 사람들이 볼 때는 시골이며 관심거리도 되지 않는 곳이었습니다. 이런 변방이 예수님 사역의 중심지였다는 점은 주님의 사역이 철저히 서민들을 향해 있었음을 보여줍니다. 예수님의 세 가지 사역은 "예수께서 온 갈릴리에 두루 다니사 그들의 회당에서 가르치시며 천국 복음을 전파하시며 백성 중의 모든 병과 모든 약한 것을 고치시니"(마 4:23)라는 한 절에 나타나 있습니다. 즉 "가르치시며, 전파하시며, 고치시니"라는 세 가지로 집약됩니다. 예수님의 세 가지 사역은 가르침(teaching), 전파함(proclaiming), 고침(healing)이고 이는 예수님의 메시아로서의 역할이며 이 땅에 오신 목적입니다.

예수님의 가르침은 '교훈'을 말합니다. 복음서에는 예수님의 직접 화법이 많은데 그것은 두 가지로 분류됩니다. 하나는 예수님의 가르침이고 다른 하나는 선포로, 선포보다 가르침이 훨씬 많습니다. 우리가 잘 알고 있는 예수님의 '산상보훈'이나 마지막 유월절 만찬 후에 말씀하신 '다락방 강화'는 대표적인 가르침입니다. 예수님의 전파함 즉 선포의 내용은 '천국 복음'입니다. 복음은 예수님이 세상에 오심으로 하나님의 나라가 도래할 것이라는 약속입니다. 그래서 예수님의 첫 선포는 "회개하라 천국이 가까이 왔느니라"(마 4:17)였습니다.

이것은 선구자인 세례 요한의 선포와 같은 것입니다. 그러나 세례요한의 선포는 오실 그리스도를 가리키며 한 말이고, 예수님의 선포는 스스로 자신을 가리켜 하신 말씀입니다. 예수님은 회개와 천국을 선언하셔서 복음이 무엇인가를 가르쳐 주셨습니다. 예수님의 말씀 가운데 선포의 양은 아주 적지만 그 내용을 가르치신 것으로 보건대, 예수님의 가르침은 선포의 해석이라고 할 수 있습니다.

예수님의 고침은 인간에 대한 예수님의 전인적 치유를 의미합니다. 예수님은 "모든 병과 모든 약한 것"을 고치셨다고 합니다. 예수님에게는 모든 병을 다 고칠 수 있는 능력이 있습니다. 병이란 일반적인 질병을 말하며, 약한 것이란 그 질병으로 말미암아 육체적으로 정상적인 생활을 할 수 없을 정도의 쇠약한 상태를 말합니다. 예수님은 육체적 질병과 함께 정신적 질병까지 인간의 모든 병을 고치셨습니다.

하나님께서 지으신 사람은 영혼과 육체를 함께 가진 '영육합일체'입니다. 우리는 육체가 약해지면 영혼이 약해지고, 영혼이 약해지면 육체도 약해집니다. 그래서 인간을 구원하러 오신 예수님은 영혼의 구원자이시지만 육체도 구원하십니다. 예수님이 병을 고치신 사람들에게 "네가 구원받았다"고 선포하시는 것도 이 때문입니다. 성경에 예수님께서 귀신 들린 자를 고치신 기적이 여러 번 기록되어 있는데 이는 육체적 질병과 함께 귀신도 내어 쫓아, 마음과 영혼을 고쳐주신 것입니다.

예수님의 세 가지 사역은 유대인들과 로마인들에게 많은 방해를 받았습니다. 예수님께서 "구원 받았다"고 선포할 때마다 유대인들은 하나님을 모독한다고 하였습니다. 당시에 하나님을 모독하는 죄는 아주 큰 죄였습니다. 더구나 안식일에 병을 고치시자 안식일을 어겼다고 예수님을 죽이려고 하였습니다. 그러나 예수님은 사람을 고치시는 일을 연기하지 않으셨습니다. 안식일에 손 마른 사람을 고치신 기적을 보면 예수님의 뜻을 아주 명확하게 알 수 있습니다. 예수님께서는 율법보다 사랑을 앞세우셨습니다.

예수님의 세 가지 사역은 한 가지 목적을 가지고 있습니다. 우리를 구원하시기 위한 것입니다. 예수님께서 우리를 구원하시기 위하여 가르치시고 선포하시고 고치시다가, 어려움을 당하시고 고소당하시고 십자가를 지시고 죽으신 고난을 묵상하는 사순절입니다. 천국을 소유하고, 가르치신 말씀을 묵상하며, 영과 육이 고침 받는 사순절이 되시기를 바랍니다.

오늘의 기도

가르치시며, 선포하시며, 고치신 주님의 사역을 본받아 그 사역을 잘 감당하는 교회와 우리가 되게 하소서.

07 DAY

복을 선포하신 예수

오늘의 성경 구절/ 마 5:1-12

1 예수께서 무리를 보시고 산에 올라가 앉으시니 제자들이 나아온지라
2 입을 열어 가르쳐 이르시되
3 심령이 가난한 자는 복이 있나니 천국이 그들의 것임이요
4 애통하는 자는 복이 있나니 그들이 위로를 받을 것임이요
5 온유한 자는 복이 있나니 그들이 땅을 기업으로 받을 것임이요
6 의에 주리고 목마른 자는 복이 있나니 그들이 배부를 것임이요
7 긍휼히 여기는 자는 복이 있나니 그들이 긍휼히 여김을 받을 것임이요
8 마음이 청결한 자는 복이 있나니 그들이 하나님을 볼 것임이요
9 화평하게 하는 자는 복이 있나니 그들이 하나님의 아들이라 일컬음을 받을 것임이요
10 의를 위하여 박해를 받은 자는 복이 있나니 천국이 그들의 것임이라
11 나로 말미암아 너희를 욕하고 박해하고 거짓으로 너희를 거슬러 모든 악한 말을 할 때에는 너희에게 복이 있나니
12 기뻐하고 즐거워하라 하늘에서 너희의 상이 큼이라 너희 전에 있던 선지자들도 이같이 박해하였느니라

예수님의 산상보훈은 그리스도의 가르침과 선포의 요약입니다. 세계문학계에 있어 최고의 강화라고도 하며, 인간 윤리의 최고봉이라고도 합니다. 산상보훈은 말로 표현할 수 없는 예수님의 전 생애와 교훈을 모은 것으로 큰 가치가 있습니

다. 세계의 위인들 가운데 그리스도인이 아니라도 산상보훈을 사랑한 사람들이 많습니다. 간디는 그리스도인은 아니었지만 매일 아침 산상보훈을 읽었다고 하며 그의 무저항주의도 산상보훈에서 배웠다고 합니다.

산상보훈의 주옥같은 말씀 가운데 '팔복'이라 불리는 앞부분은 예수님께서 우리에게 먼저 복을 선포하신 대목입니다. 구약의 시내산 율법은 무서운 음성으로 주신 축복과 저주였으나, '신약의 시내산'이라 불리는 신약에서의 산의 말씀은 고요한 음성으로 주신 복의 선언이었습니다. 산상보훈이 복의 말씀으로 시작하는 것은 큰 의미가 있습니다. 많은 교훈적 말씀 가운데 복이 제일이라는 뜻입니다. '팔', 여덟이라는 숫자는 상징적 의미를 가지고 있습니다. 그리스도교 전통은 '8'을 상징적 완전수이며 영원을 의미하는 숫자로 봅니다. 8은 끝없이 반복되는 영원을 상징하는 0을 두 개로 합친 것으로, 수학에서는 8을 옆으로 눕혀 놓으면 무한대(∞)가 됩니다. 그래서 그리스도교에서는 전통적으로 세례의 물그릇인 세례반(洗禮盤)이 팔각이었습니다. 예수님이 선포하신 복이 여덟 가지라는 것은 완전한 복이라는 깊은 뜻을 가지고 있습니다.

이스라엘 백성들이 가나안에 들어갔을 때에 하나님은 말씀에 따라 복과 저주를 선포하셨습니다. 그리심산은 축복의 장소, 에발산은 저주의 장소입니다. 구약의 율법의 시작은 하나님의 복과 저주를 분명하게 구별하여 복이 아니면 저주임을 계시하고 있습니다. 참 묘한 것은 그리심산과 에발산이 마주 보고 있다는 것입니다. 그리심산을 향해 있다가 돌아서면 에발산입니다. 하나님의 말씀도 마찬가지입니다. 똑같은 말씀이지만 그 말씀에 순종하는 자는 복을 받고, 순종하지 않는 자는 저주를 받는 것입니다.

구약의 복과 저주와는 다르게 예수님의 가르침은 복을 선포하는 것으로 시작합니다. 예수님이 가르치신 여덟 가지 복은 세상 사람들의 관점과는 전혀 다른 것이었습니다. 세상에서는 부요한 자가 복이 있는데 예수님은 가난한 자가 복이 있다고 하십니다. 당시 유대 사회는 정권을 가진 자나 교권자 등 일부 특권층을 제외하고는 모두 가난했습니다. 더구나 부자들은 비정상적인 방법으로 돈을 번 사람들이었기에 예수님은 부자가 천국에 들어가는 것이 낙타가 바늘귀로 들어가는 것보다 어렵다고 하셨습니다. 이런 가난한 대중을 향해 예수님은 물질적 가난이 아니라 심령의 가난이 복이라고 하셨습니다. 그 복은 천국을 얻는 것을 의미합니다.

애통하는 자가 복이 있다는 말씀은 신령한 애통을 말합니다. 영적인 애통은 위로함을 받습니다. 위로함은 '파라칼레오'란 헬라어인데 '곁으로 부르다'는 뜻입니다. '위로자'(파라클레토스)는 그리스도의 별명이며 요한복음이 가르치는 '보혜사'

즉 성령의 별칭입니다.

온유한 자는 폭력적이거나 잔인하지 않은 자를 말합니다. 성경은 이런 자가 땅을 차지할 것이라고 합니다. 세상은 이런 자를 복이 있다고 하지 않습니다. 강한 자가 땅을 차지하는 것이 세상의 법칙입니다. 온유는 예수님의 마음입니다(마 11:29). 오늘날 예수님이 전 세계인의 마음을 얻고 계신 것을 보면 이 말씀의 뜻을 실감할 수 있습니다. 의에 주리고 목마른 자가 복이 있다는 말씀은 당시로서는 획기적인 말씀이었습니다. 왜냐하면 당시 사람들은 "무엇을 먹을까, 무엇을 마실까, 무엇을 입을까"에 대해 걱정했습니다. 그런데 주리고 목마른 자가 복이 있다고 하신 것입니다. 더구나 의에 주리고 목마를 만큼 갈구하는 것은 복이라고 하신 것입니다. 이런 자에게 주시는 복은 배부름입니다. 세상의 것은 아무리 먹어도 배부름이 없지만 의를 추구하는 자는 배부름이 있습니다.

긍휼히 여기는 자가 복이 있다는 것은 남의 고통과 불행을 회복시켜 주려고 그 사람의 마음과 함께 하는 것을 말합니다. 이런 긍휼을 베푸는 자가 긍휼히 여김을 받습니다. 우리는 하나님의 긍휼이 없으면 살 수 없습니다. 하나님의 긍휼하심은 우리를 구원하신 큰 복입니다. 마음이 청결한 자가 복이 있다는 것은 당시 유대인들이 의식적 청결인 결례를 잘 알고 있기 때문에 주신 말씀입니다. 그러나 의식적 청결만 가지고는 복을 받을 수 없고 마음이 청결해야 하나님을 볼 수 있습니다. 화평하게 하는 자가 복이 있는 것은 평화를 사랑하며 사람과 사람 사이에 화평을 만드는 자이기 때문입니다. 화평하게 하는 자는 하나님의 아들이라는 일컬음을 받습니다. 하나님의 아들인 예수님께서 화평하게 하는 자로 이 땅에 오셨습니다. 의를 위하여 박해를 받은 자가 복이 있는 것은 의가 하나님의 질서이며 예수님께서 오셔서 이루신 것이기 때문입니다. 그리스도의 의는 하나님 나라의 것이므로 이를 위하여 박해를 받는 자는 천국을 소유하게 되는 것입니다. 팔복의 첫째와 마지막의 복은 천국을 소유하는 것입니다.

어떤 이는 팔복을 이렇게 설명합니다. 심령이 가난한 자가 애통할 것이며, 애통하는 자가 온유하며, 온유한 자가 의에 주리고 목마르며, 의에 주리고 목마른 자가 긍휼히 여길 것이며, 긍휼히 여기는 자가 마음이 청결할 것이며, 마음이 청결한 자가 화평하게 할 것이며, 화평하게 하는 자가 의를 위하여 박해를 받을 것이라 말합니다. 영원한 복인 팔복을 묵상하며 매일 영원하고 마르지 않는 복 가운데 사는 사순절이 되시기를 축복합니다.

오늘의 기도

주님께서 가르치신 말씀에 따라 마음에 복이 가득한 복의 사람으로 사는 사순절이 되게 하소서.

DAY 08

소금과 빛이 되게 하신 예수

오늘의 성경 구절/ 마 5:13-16

13 너희는 세상의 소금이니 소금이 만일 그 맛을 잃으면 무엇으로 짜게 하리요
후에는 아무 쓸 데 없어 다만 밖에 버려져 사람에게 밟힐 뿐이니라
14 너희는 세상의 빛이라 산 위에 있는 동네가 숨겨지지 못할 것이요
15 사람이 등불을 켜서 말 아래에 두지 아니하고 등경 위에 두나니 이러므로 집
안 모든 사람에게 비치느니라
16 이같이 너희 빛이 사람 앞에 비치게 하여 그들로 너희 착한 행실을 보고 하늘
에 계신 너희 아버지께 영광을 돌리게 하라

19세기 아일랜드의 성직자인 리처드 트랜치는 예수님을 위대한 교사라고 하였습니다. 그러나 예수님은 위대한 교사 이상의 하나님의 아들로서 신령한 지혜를 가지신 분이십니다. 예수님의 산상보훈은 아주 이해하기 쉬운 실물로 하나님 나라의 진리를 설명하고 있습니다. "공중의 새를 보라"라고 하셨을 때는 공중에 새가 날고 있었을 것이라고 합니다. "들의 백합화를 보라"라고 하셨을 때는 예수님 곁에 백합화가 있었을 것이라고 합니다. 오늘의 말씀에는 예수님께서 누구나

알고 있는 소금과 빛이라는 실물을 들어 교훈을 주십니다. 이 말씀은 그리스도인의 정체성과 사회성을 동시에 가르치시는 교훈입니다.

예수님은 “너희는 세상의 소금이다”, “너희는 세상의 빛이다”라고 하셨습니다. 소금과 빛은 일상에서 늘 접하는 것입니다. 흔한 것 같지만 귀한 것이고 참 소중한 것입니다. 당시에 소금은 귀하고 비싼 것이었습니다. 소금은 주원료가 염화나트륨인 흰 빛깔의 결정체로 일반적으로 조미료, 방부제 그리고 화학공업의 원료와 비료 등으로 쓰입니다. 인간이 먹는 유일한 암석으로 인체의 혈액 속에는 0.9%의 염분이 있어 생명과도 직접 관계가 있는 금처럼 귀한 것입니다. 미각은 후각, 시각, 청각, 촉각과 더불어 인간의 다섯 가지 감각입니다. 소금은 미각을 돋우어 주는 가장 중요한 역할을 합니다. 소금의 짠 맛은 고래로 인간에게 가장 기본적인 중요한 맛이었으며 없어서는 안 되는 중요한 생활재료였습니다.

옛 로마시대에는 금과 소금의 가치가 비슷했습니다. 소금이 마치 돈처럼 거래가 되었고, 소금의 가치가 요즘의 금처럼 경제의 기준이 되기도 했습니다. 그래서 군인들에게 봉급을 줄 때 소금으로 대신 지급하기도 하였습니다. 소금이 귀한 것이었기에 과도한 세금을 징수하기도 하였으며 중세 유럽의 성주들은 소금을 독점하여 성민들의 통치 수단으로 삼았습니다. 소금을 많이 가지고 있는 것은 물론이고, 음식을 짜게 먹는 것도 부의 상징이었습니다.

구약의 제사는 하나님께 드리는 제물에 소금을 쳐서 올렸습니다. 세상의 소금인 우리는 비싼 존재입니다. 우리의 몸에 비싼 소금을 쳐서 드릴 때에 하나님이 기뻐하시는 산 제물로 드려지게 될 것입니다. 예수님은 우리를 세상의 소금이라고 하십니다. 우리는 세상이 부패하지 않게 만들어야 하고, 맛을 내야 하며, 비료와 같이 세상에 골고루 뿌려져야 합니다.

빛은 하나님께서 천지를 창조하실 때 첫째 날에 만드신 피조물입니다. 하나님께서 첫째 날에 빛을 만드셨다는 것은 빛을 만드시는데 하루 종일 걸렸다는 뜻입니다. 셋째 날에는 채소와 열매와 나무를 만드셨습니다. 헤아릴 수 없이 많은 종류의 식물을 만드시는데 하루가 걸렸는데 빛 하나를 만드시는데 하루가 걸렸습니다. 그만큼 빛이 중요하다는 뜻입니다. 빛은 하나인 것 같지만 빛깔은 기본적인 스펙트럼이 무지개색인 일곱 가지입니다. 그러나 실제로 인간이 인지하고 표현할 수 있는 색은 무한하다고 할 수 있습니다. 우리가 알고 있는 빛의 종류도 감마선, 엑스선, 자외선, 적외선, 가시광선 등 여러 가지로 분류할 수 있습니다. 그런 의미에서 하나님께서 하루에 만드신 빛도 무궁무진한 것입니다.

예수님은 우리를 세상의 빛이라고 하십니다. 우리는 세상의 빛이지 하나님 나라의 빛이 아닙니다. 하나님의 나라는 빛이므로, 다른 빛이 필요하지 않습니다. 우리가 세상의 빛이어야 하는 까닭은 세상이 어둡기 때문입니다. 죄를 지은 인간이 모인 세상은 마치 빛을 창조하기 이전의 세계처럼 어둡고 혼돈한 곳입니다. 빛이 있으므로 세계는 식물도, 동물도, 사람도 살 수 있는 곳이 되었습니다.

예수님께서 우리를 세상의 빛이라고 하신 것은 우리가 빛이 되어 세상의 어두움과 혼돈을 물러가게 하고 모든 생명이 살아나게 하라는 말씀입니다. 이 세상을 부패하지 않게 하고 생명의 맛을 더하시려 소금으로 오시고, 어둠을 밝히시려 빛으로 오셔서 어둠의 세력에게 고난당하신 주님을 묵상합니다. 그분의 고난에 동참하며, 우리 또한 소금이 되어 세상을 정결케 하고, 빛이 되어 세상을 환히 밝히는 사순절이 되기를 축복합니다.

오늘의 기도

혼탁하고 어두운 세상에서 소금과 빛이 되라고 하신 주님의 말씀을 따라 소금으로, 빛으로 사는 사순절이 되게 하소서.

DAY 09

주님이 가르치신 우리의 기도

오늘의 성경 구절/ 눅 11:1-4

1 예수께서 한 곳에서 기도하시고 마치시매 제자 중 하나가 여짜오되 주여 요한이 자기 제자들에게 기도를 가르친 것과 같이 우리에게도 가르쳐 주옵소서
2 예수께서 이르시되 너희는 기도할 때에 이렇게 하라 아버지여 이름이 거룩히 여김을 받으시오며 나라가 임하시오며
3 우리에게 날마다 일용할 양식을 주시옵고
4 우리가 우리에게 죄 지은 모든 사람을 용서하오니 우리 죄도 사하여 주시옵고 우리를 시험에 들게 하지 마시옵소서 하라

아우구스티누스는 그리스도인에게 필요한 중요한 두 가지 가르침이 신조와 기도라고 하였습니다. '우리가 무엇을 믿을 것인가?' 그리고 '우리가 무엇을 구할 것인가?'가 신앙생활에서 반드시 필요한 물음입니다. 성경은 우리에게 '주기도문'이라는 예수님의 기도를 가르쳐 주고 있습니다. 제자들은 예수님께 "주여 요한이 자기 제자들에게 기도를 가르친 것과 같이 우리에게도 가르쳐 주옵소서"(눅 11:1)라고 하였고 예수님께서 "너희는 기도할 때에 이렇게 하라"라고 하시며 기도를

가르치셨습니다.

그런 의미에서 주님이 가르치신 기도는 중요한 두 가지를 포함합니다. 첫째는 제자들이 다른 어떤 것도 아닌 오직 한 가지, 기도를 가르쳐 달라고 하였다는 것입니다. 이는 설교나 기적을 베푸는 것 등, 그 어떤 것보다 기도가 중요하고 어렵다는 것을 뜻합니다. 둘째는 제자들이 기도를 가르쳐 달라고 하여 주님이 가르쳐 주신 기도이므로, 이는 주님의 기도가 아니라 우리의 기도입니다. 실제로 하나님이신 예수님께는 이런 기도가 필요하지 않습니다. 반면에 우리에게는 아주 절실한 기도입니다. 그런 의미에서 이 기도문은 '주님이 가르쳐 주신 우리의 기도'입니다.

당시 유대교에는 기도문이 있었고 하루 제3시, 6시, 9시 세 번씩 반드시 기도하라는 계명이 있었습니다. 그러나 예수님께서는 이런 율법적 기도가 아니라 중요한 기도의 요소를 가진 독창적 기도를 가르쳐 주셨습니다. 예수님이 가르치신 기도는 한 구절, 한 구절이 소중한 의미를 가지고 있습니다. 그래서 주님이 가르치신 기도는 암송문이 아닙니다. 루터는 "아무 의미 없이 암송하는 주기도문은 최대의 순교자"라고 하였습니다. 기도는 입으로 하는 것이 아니라 온 몸으로 하는 것입니다. 암송하는 것이 아니라 실천하는 것이 기도입니다. 주기도문은 주님께서 우리에게 실천하여 그렇게 살라고 주신 기도문입니다.

주기도문은 여섯 개의 중요한 단어로 되어 있습니다. 첫째는 찬양(praise)입니다. 둘째는 우선권(priorities)입니다. 셋째는 공급(provision)입니다. 넷째는 용서(pardon)입니다. 다섯째는 보호(protection)입니다. 여섯째는 찬양(praise)입니다. 이 여섯 가지 단어는 예수님이 우리에게 가르쳐 주신 기도의 핵심이며, 우리가 날마다 드려야 할 기도의 제목입니다.

"이렇게 기도하라"고 하신 주님의 기도는 아버지의 이름을 거룩하다고 찬양하는 것으로 시작합니다. 하나님의 존재를 인정하는 것이 기도의 시작입니다. 하나님의 존재를 인정하지 않으면 기도는 아무 의미가 없습니다. 하나님께서 전지하시고, 전능하시고, 창조자이시고, 만물의 주인이신 것을 인정해야 기도할 수 있습니다. 기독교의 오랜 전통 예배에서는 반드시 'Gloria Patri'라 불리는 "성부 성자와 성령 찬송과 영광 돌려 보내세"라는 찬송을 하였습니다. 삼위 하나님을 향한 찬양이 예배에 반드시 필요하기 때문입니다.

예수님은 하나님을 우리 아버지라고 부르셨습니다. 하늘 꼭대기에 계셔서 인간이 감히 우러러 볼 수 없는 하나님을 우리의 가장 친근한 아버지라고 부르게 하셨습니다. 하나님께서는 아버지이시기에 우리의 모든 간구를 들으시고 간청에 응답해주십니다.

주기도문 기원의 첫째는 “나라가 임하시오며” 입니다. 하나님의 나라가 이 땅에 도래하게 해 달라는 절박한 강청입니다. 하나님의 나라는 공간적 개념과 더불어 하나님이 신적으로 통치하는 나라를 의미합니다. 하나님이 창조하신 나라인 에덴동산은 아담이 죄를 짓기 전에는 완벽했습니다. 그러나 인간의 죄는 하나님의 나라를 악으로 가득한 세상 나라로 바꾸어 놓았습니다. 그래서 주님은 이 세상에 하나님의 나라가 임하게 해 달라고 기도하십니다. 하나님의 나라는 빛의 나라이며, 정의, 평화, 사랑, 평등의 나라입니다. 그리스도인은 이 세상에 정의, 평화, 사랑, 평등이 임하도록 살아야 합니다. 두 번째 기도의 청원은 “하늘의 뜻이 땅에 이루어지게 하소서” 입니다. 그리스도인은 세상에서 하나님의 뜻을 분별하고 그 뜻대로 살아야 합니다. 세 번째 간구는 “우리에게 일용할 양식을 주소서”라는 기도입니다. 주님은 “나에게”라 하지 않고 “우리에게”라고 하셨습니다. 우리가 누구입니까? 인류공동체입니다. 이 기도는 인류에게 일용할 양식을 달라고 하는 간구이며, 식탐을 벗어나서 내가 먹고 남은 것은 먹지 못하는 사람에게 주겠다는 맹세이기도 합니다. 네 번째 기도의 청원은 “우리 죄를 사하여 주시옵고”라는 것입니다. 이 기도는 죄인인 인간에게 가장 절실한 기도입니다. 이는 나의 죄를 사함받기 전에 다른 사람의 잘못도 용서하라는 뜻입니다. 이 기도는 주님께서 우리의 죄를 용서하시고, 구속의 삶을 사실 것을 미리 말씀하고 있습니다. 다섯 번째 기도는 "시험에 들지 않게 하소서" 입니다. 예수님도 공생애를 시작하시기 전에 시험을 받으셨으며, 많은 성경의 인물들도 시험에 들었습니다. 그리스도인들도 누구나 시험에 노출되어 있습니다. 그러므로 우리는 이 기도를 해야 합니다. 예수님은 시험을 없애 달라고 하지 않으시고, 시험은 있지만 그 시험에 빠지지 않게 해 달라고 기도하라 말씀하십니다.

예수님은 모든 청원을 가르치신 후 마지막으로 하나님께 드리는 송영을 다시 알려주십니다. 하나님의 나라가 아버지께 영원히 있으며 권세가 아버지께 영원히 있고, 영광이 아버지께 영원히 있다는 신앙고백입니다. 아무리 열심히 기도한다고 해도 나의 기도는 불완전하기 때문에 완전한 주님의 기도로 마쳐야 합니다. 우리를 시험에 들지 않게 하시고 악에서 구하시려 이 땅에 오셔서 고난당하신 주님, 그분이 가르쳐 주신 기도를 깊이 묵상하는 사순절이 되기를 축복합니다.

오늘의 기도

우리에게 가장 완전한 기도를 가르치신 주님의 기도를 따라 쉬지 않고 기도하는 사순절이 되게 하소서.

10 DAY

권위 있는 말씀의 예수

오늘의 성경 구절/ 마 7:24-29

24 그러므로 누구든지 나의 이 말을 듣고 행하는 자는 그 집을 반석 위에 지은 지
혜로운 사람 같으리니
25 비가 내리고 창수가 나고 바람이 불어 그 집에 부딪치되 무너지지 아니하나니
이는 주추를 반석 위에 놓은 까닭이요
26 나의 이 말을 듣고 행하지 아니하는 자는 그 집을 모래 위에 지은 어리석은 사
람 같으리니
27 비가 내리고 창수가 나고 바람이 불어 그 집에 부딪치매 무너져 그 무너짐이
심하니라
28 예수께서 이 말씀을 마치시매 무리들이 그의 가르치심에 놀라니
29 이는 그 가르치시는 것이 권위 있는 자와 같고 그들의 서기관들과 같지 아니
함일러라

제 대학교 스승이시자 문교부 장관을 지내신 이규호 박사님의 '말의 힘'이란 저서가 있습니다. 언어철학적 관점에서 언어를 분석하고 언어의 발전단계 등을 해석학적으로 접근한 책입니다. 일반적으로 말은 그 자체가 가지는 힘이 있어 개인의 삶을 변화시키기도 합니다. 그러나 인간의 말에 힘이 있다고 해도 하나님의 말씀과는 비교할 수 없습니다. 나아가서 예

수님의 말씀과는 비교의 대상이 될 수 없는 것입니다.

예수님의 산상보훈은 주옥같은 가르침입니다. 방대한 내용을 조리 있게 말씀하신 예수님의 가르침은 당시의 그 누구도 흉내 낼 수 없는 권위가 있었습니다. 서기관들은 성경을 가르치는 교사들이었지만 예수님의 가르침에는 미칠 수 없었습니다. 서기관들은 모세의 율법을 배워 가르치는 자들이었고, 예수님은 하나님으로 모세의 율법을 주신 분이십니다. 그러므로 예수님과 서기관들을 비교하는 그 자체가 잘못된 것입니다.

예수님이 공생애 초기에 들려주신 산상보훈은 당시 사람들에게는 한 번도 들어보지 못한 획기적인 말씀이었습니다. 산상보훈에 대한 청중의 반응은 예수님을 최고의 랍비로, 세상에 오실 메시아로 생각하기에 부족함이 없었을 것입니다. 이전의 선지자나 성경에 익숙한 서기관들조차 예수님의 말씀과 같은 보훈을 들어본 적이 없었습니다. 예수님의 말씀은 선지자나 서기관들의 율법적 가르침과는 전혀 다른 차원으로 생명력이 넘쳤으며 말씀의 권위가 있었습니다.

예수님께서 산상보훈을 말씀하신 이후로 바리새인들과 서기관들 그리고 모든 청중들은 예수님에게 관심을 기울였을 것입니다. 바리새인들과 서기관들은 자신들보다 월등한 가르침에 시기하였을 것이고, 백성들이 예수님의 말씀에 주목하는 것에 대하여 위협을 느꼈을 것입니다. 그래서 예수님의 말씀을 책잡아 고소하기 위하여 혈안이 되었습니다. 그러나 예수님은 그때마다 그들의 올무를 지혜로 피하셨습니다.

어느 날 사람들이 중풍 병자를 예수님께 데리고 왔습니다. 예수님께서 그들의 믿음을 보시고 병자에게 "네 죄 사함을 받았느니라"고 하셨습니다. 서기관들은 속으로 예수님께서 신성을 모독하였다고 생각했습니다. 그런데 예수님께서는 그들에게 "일어나 걸어가라"는 말보다 "네 죄 사함을 받았느니라"는 말이 더 쉽다고 하시며 예수님께서 죄를 사하는 권능이 있는 것을 알게 하셨습니다. 중풍 병자가 일어나 집으로 가는 것을 보고 무리가 두려워하며 하나님께 영광을 돌렸습니다. 예수님의 말씀에는 권위가 있었습니다.

대제사장들과 서기관들은 예수님의 말씀의 권위를 따라갈 수 없으므로 예수님을 시험하고 고소하려 하였습니다. 이들은 예수님께서 무슨 권위로 일을 하며 권위를 준 이가 누구인지 말하라고 요구하였습니다. 그때 예수님께서는 "요한의 세례가 하늘로부터냐 사람으로부터냐"라고 물으셨습니다. 대제사장들과 서기관들은 하늘로부터라 하면 왜 요한을 믿지 아니하였느냐 할 것이고, 사람으로부터라 하면 백성이 요한을 선지자로 인정하므로 그들이 돌로 칠 것이라고 하여 알지 못한다고 대답했습니다. 예수님께서는 그들의 대답에 대해

"나도 무슨 권위로 이런 일을 하는지 너희에게 이르지 아니하리라"고 하셨습니다. 예수님의 말씀에는 권위와 지혜가 풍성하였습니다.

한 번은 서기관들과 대제사장들이 예수님을 잡고자 하여 정탐을 보냈습니다. 그들은 예수님께 "우리가 가이사에게 세를 바치는 것이 옳으니이까 옳지 않으니이까"라고 질문하였습니다. 예수님께서는 그들의 간사함을 아시고 데나리온 하나를 가지고 오게 하셔서 동전에 새겨진 형상과 글이 누구의 것이냐고 물으셨습니다. 그들이 가이사의 것이라고 대답하자 예수님은 "가이사의 것은 가이사에게, 하나님의 것은 하나님께 바치라"고 하셨습니다. 예수님의 말씀에 그들은 책잡지 못하고 그 대답에 놀라워하며 침묵하였습니다. 예수님의 말씀에는 지혜가 넘치고 권위가 있었습니다.

안식일에 예수님께서 한 바리새인 지도자의 집에 들어가셨습니다. 율법교사들과 바리새인들은 여느 때처럼 예수님을 엿보고 있었습니다. 예수님은 수종병 든 사람을 보시고 그들에게 "안식일에 병 고쳐 주는 것이 합당하냐 아니하냐"라고 물으셨습니다. 그들은 잠잠하였고 감히 예수님께 대답하지 못하였습니다. 그때 예수님께서는 "너희 중에 누가 그 아들이나 소가 우물에 빠졌으면 안식일에라도 곧 끌어내지 않겠느냐"라고 하셨습니다. 예수님 말씀의 권위에 대하여 율법 교사들과 바리새인들은 말을 잃었습니다.

예수님의 말씀이 절대적인 권위를 가진 것은 예수님께서 말씀이기 때문입니다. 예수님께서는 태초에 말씀으로 계셨고, 이 말씀이 하나님과 함께 계셨으며, 이 말씀은 곧 하나님이시고, 이 말씀이 육신이 되어 우리 가운데 거하셨습니다. 예수님께서 하시는 모든 말씀이 예수님 자신에 대한 말씀이었고, 예수님의 삶이 곧 말씀이었습니다. 그 말씀에는 은혜와 진리가 충만했습니다. 그러므로 예수님의 말씀은 다른 어떤 사람의 말과는 비교할 수 없는 권위를 가진 것입니다. 말씀이 육신이 되어 우리를 구원하러 오신 예수님과 그 예수님의 말씀을 깊이 묵상하며 경건하게 사는 사순절이 되시기를 축복합니다.

오늘의 기도

말씀이 육신이 되어 이 땅에 오신 주님을 묵상하며 권위 있는 말씀을 따라 순종하며 사는 사순절이 되게 하소서.

Day 11-20

예수는 [기적]이시다

두 번째 10일

11 DAY

예수의 첫 번째 기적

오늘의 성경 구절/ 요 2:7-11

7 예수께서 그들에게 이르시되 항아리에 물을 채우라 하신즉 아귀까지 채우니
8 이제는 떠서 연회장에게 갖다 주라 하시매 갖다 주었더니
9 연회장은 물로 된 포도주를 맛보고도 어디서 났는지 알지 못하되 물 떠온 하
인들은 알더라 연회장이 신랑을 불러
10 말하되 사람마다 먼저 좋은 포도주를 내고 취한 후에 낮은 것을 내거늘 그대
는 지금까지 좋은 포도주를 두었도다 하니라
11 예수께서 이 첫 표적을 갈릴리 가나에서 행하여 그의 영광을 나타내시매 제자
들이 그를 믿으니라

기적이란 인간의 머리로 생각할 수 없는 신비한 일을 말합니다. 성경에는 많은 기적들이 기록되어 있습니다. 특별히 기적이 많이 일어난 세 시대가 있습니다. 모세의 시대와 엘리야, 엘리사 시대와 예수님과 사도 시대입니다. 이 세 시대에 기적이 많이 일어난 것은 하나님의 특별하신 계시가 아니면 하나님의 정하신 뜻이 이루어질 수 없기 때문이었습니다.

복음서에 기록된 예수님의 기적은 35가지입니다. 이 중에 9가지를 자연 기적이라고 합니다. 자연 기적이란 물이 포도주가 되게 하신 기적, 바다를 잔잔하게 하신 기적과 같이 자연에 대한 기적을 말하며, 그 목적이 예수님께서 창조자이심을 증명하는 것에 있습니다. 말씀으로 바람을 창조하신 예수님께서 심한 풍랑을 일으킨 바람에게 "잔잔하라"고 하셨을 때 바람은 예수님의 말씀을 알아듣고 잔잔하게 되었습니다. 나머지 26가지는 치유 기적이라고 합니다. 치유 기적은 다시 세 가지로 분류합니다. 병을 고치심과 죽은 자를 살리심과 귀신을 내어 쫓으심입니다. 치유 기적의 목적은 예수님께서 인류의 구원자로 오심을 증명하는 것입니다. 예수님께서는 영혼의 구원자로 오셔서 영원한 천국으로 우리를 인도하십니다. 이와 더불어 인간의 육체를 창조하신 예수님께서는 사람들이 병들고, 죽고, 귀신에게 괴로움을 당하는 것을 외면하지 않으시고 육체를 구원하십니다. 인간은 영혼과 육체가 하나로 구성되어 있으므로 육체도 구원을 받아야 합니다.

예수님의 많은 기적 가운데 첫 번째는 가나 혼인 잔치에서 물이 포도주가 되게 하신 기적입니다. 성경은 이 기적이 예수님의 첫 표적이며 갈릴리 가나에서 행하셨다고 합니다. 요한이 첫 기적이라고 기록한 것에는 중요한 의미가 있습니다. 구약의 대표자인 모세의 첫 번째 기적은 물이 피가 되게 하는 기적입니다. 바로 앞에서 모세의 손에 들린 하나님의 지팡이가 물에 닿았을 때 애굽의 모든 물이 피가 된 것입니다. 반면에 예수님의 첫 번째 기적은 물이 포도주가 되게 하는 것이었습니다. 모세의 첫 기적은 저주이지만 예수님의 첫 기적은 축복입니다. 이것이 구약과 신약의 차이이기도 합니다. 혼인 잔치란 기쁨이 있고, 축하가 있고, 먹거리가 있는 자리입니다. 그런데 혼인 잔치에 포도주가 모자랐다는 것은 기쁨이 사라진 것입니다. 잔치의 주인에게는 가장 난감한 일이었고 굴욕이었을 것입니다. 포도주가 바닥난 것이 아니라 잔치가 바닥이 났고, 혼인예식 자체를 망친 것이나 마찬가지였습니다. 예수님께서 물이 포도주가 되게 하신 기적은 혼인 잔치를 살려낸 것입니다.

사순절을 지내며 오늘은 조금 다른 관점에서 예수님의 첫 기적을 보려고 합니다. 예수님께서 기적으로 만드신 포도주는 가장 맛있는 최고의 포도주였습니다. 그때 연회장은 신랑을 불러 "사람마다 먼저 좋은 포도주를 내고 취한 후에 낮은 것을 내거늘"이라고 하였습니다. 세상은 항상 처음에 좋은 것을 냅니다. 세상의 법칙은 최초의 최상입니다. 처음에는 최고이지만 갈수록 변질되고 달라져 심지어 최하로 떨어지기도 합니다. 세상의 즐거움은 처음에는 환상적이고 짜릿하지만 비참한 최후를 맞을 때가 많이 있습니다. 마약이나 모든 중독이 첫맛에 빠져서 나오지 못하기 때문에 생긴 비극입니다. 그 마지막은 비참함 그 자체입니다. 인간 최초의 죄가 그렇습니다. 아담과 하와가 먹지 말라고 한 선악과를 보았을 때 첫눈에 먹음직하고 보암직하여 꼬임에 빠졌고, 그 결과는 온 인류에게 참혹한 결과를 가지고 왔습니다.

반면에 신령한 의미에서의 최상은 최후에 나타납니다. 연회장은 "그대는 지금까지 좋은 포도주를 두었도다"(요 2:10하) 라고 합니다. 예수님의 첫 기적은 단순히 물이 포도주가 되게 한 것이 아니라 최상의 최후를 맞게 한 것입니다. 잔치집에서 포도주가 모자라자 결례에 쓰는 항아리의 물을 떠 주라고 하셨을 때 그저 물이면 어떻게 되겠습니까? 결례에 쓰는 물은 손님들의 발을 씻어주는 물입니다. 그러나 예수님께 순종하여 기적이 일어났습니다. 모자란 포도주가 풍성하게 되고, 최고의 포도주를 제공함으로써 최고의 혼인 잔치가 된 것입니다. 우리의 최상은 현재가 아닙니다. 최상의 것은 최후에 올 것입니다. 현재의 고난은 장차 우리에게 나타날 영광과 비교할 수 없습니다. 최후의 승리를 몸소 보여주신 예수님의 고난을 묵상하면서 마지막을 향해 열심히 달려가는 그리스도인이 되시기를 축복합니다.

오늘의 기도

말씀 속에 살아 있는 기적을 늘 체험하며 최후에 올 최고의 승리를 기대하며 사는 사순절이 되게 하소서.

DAY 12

바다를 잔잔케 하신 예수

오늘의 성경 구절/ 막 4:35-39

35 그 날 저물 때에 제자들에게 이르시되 우리가 저편으로 건너가자 하시니
36 그들이 무리를 떠나 예수를 배에 계신 그대로 모시고 가매 다른 배들도 함께
하더니
37 큰 광풍이 일어나며 물결이 배에 부딪쳐 들어와 배에 가득하게 되었더라
38 예수께서는 고물에서 베개를 베고 주무시더니 제자들이 깨우며 이르되 선생
님이여 우리가 죽게 된 것을 돌보지 아니하시나이까 하니
39 예수께서 깨어 바람을 꾸짖으시며 바다더러 이르시되 잠잠하라 고요하라 하
시니 바람이 그치고 아주 잔잔하여지더라

자연 기적은 예수님께서 천지를 창조하신 창조자이심을 증명하신 기적입니다. 예수님의 모든 기적은 단순한 현상이 아니라 은유적이며 상징적인 의미를 포함하고 있습니다. 예수님께서 바다를 잔잔케 하신 기적도 세상과 우리의 관계를 설명하고 있습니다. 성경에서 바다란 쉼 없는 파도처럼 죄를 일으키는 세상을 상징합니다. 또 바람은 하나님의 사람을 박해하고 몰아치는 고통을 상징합니다. 그리고 배는 하나님의

교회이며, 노아의 방주처럼 구원의 처소이고, 세상 위에 떠 있는 교회의 모습을 의미합니다. 예수님은 이 세상의 지배자이고, 교회의 주권자이며, 교회의 머리가 되시며 다스리시는 주인이신 것을 상징합니다. 배는 바다 위에 떠서 항해하기 위하여 지어졌습니다. 배가 물속에 잠기면 배는 그 기능을 상실한 것입니다. 교회가 그렇습니다. 교회는 세상을 위하여 이 땅에 존재합니다. 이것이 교회의 사명이며 정체성입니다. 그런데 교회가 세상 속에 잠겨 있으면 존재 의미를 상실합니다. 교회는 쉴 새 없이 풍랑을 일으키는 세상 위에 고고히 떠 있어야 세상을 변화시키는 사명을 수행할 수 있습니다. 이것이 교회의 존재감입니다.

예수님이 제자들과 함께 타신 배가 풍랑을 만났습니다. 갈릴리는 호수이지만 골란고원 아래쪽에 위치하고 있어 지중해보다 200m나 낮으므로 고원에서 불어오는 바람 때문에 풍랑이 일어날 때가 많습니다. 예수님이 타신 배도 다른 배들과 똑같이 풍랑을 만났습니다. 우리가 세상에서 사는 날 동안 예수님과 함께 동행하지만 풍랑을 만납니다. 그러나 예수님과 함께 하면 세상의 풍랑에 절대로 죽지 않습니다. 예수님께서는 심한 풍랑 가운데도 고물에서 베개를 베고 주무셨습니다. 얼마나 풍랑이 심했던지 물결이 배에 가득하게 되었다고 합니다. 물이 가득한 배에서 예수님께서는 제자들이 깨울 때까지 주무셨습니다. 저는 예수님께서 물에 둥둥 떠서 주무셨을 것이라고 상상해 봅니다. 이것이 예수님이 친히 보이신 예수님의 평안입니다. 예수님은 요한복음 다락방 강화에서 "평안을 너희에게 끼치노니 곧 나의 평안을 너희에게 주노라 내가 너희에게 주는 것은 세상이 주는 것과 같지 아니하니라"(요 14:27)고 하셨습니다. 예수님의 평안은 세상과 다릅니다. 세상의 평안은 건강하고 안녕한 때를 말합니다. 세상의 평안은 풍랑이 있으면 잠들지 못합니다. 그러나 예수님의 평안은 풍랑 가운데서 잠드는 평안입니다. 건강하지 못하고, 물질이 부족하고, 어려움이 있어도 기쁘고 즐거운 것이 예수님이 주시는 평안입니다. 예수님은 세상의 풍랑을 지배하십니다.

예수님께서 주무셨다는 것은 예수님의 인성을 말합니다. 예수님께서는 하나님이 사람이 되셔서 오신 분이십니다. 예수님은 신성과 인성을 동시에 가지고 계시기에 피곤하시고, 시장하시고, 주무시고, 우시고, 괴로워하셨습니다. 예수님께서 우리와 같은 사람의 모습을 가지셨다는 것이 우리에게 더 큰 은혜가 됩니다. 왜냐하면 예수님께서 사람으로 감당하셨던 모든 것을 우리도 감당할 수 있다는 확신 때문입니다.

겁에 질린 제자들은 예수님을 깨웠습니다. 그들은 "선생님 우리가 죽게 된 것을 돌보지 아니 하시나이까"라고 했습니다. 제자들은 예수님과 함께 있으면서도 풍랑을 무서워했고,

심지어 죽게 되었다고 합니다. 예수님과 함께 있으면 죽지 않습니다. 더구나 예수님께서 주무실 만큼 안전한데 왜 죽는다고 합니까? 예수님이 마지막 겟세마네 동산에서 기도하시는 모습을 보세요. 예수님은 정말 죽게 되어 땀이 흘러 피가 될 만큼 간절한 기도를 하셨는데 제자들은 잠에 빠져 세 번씩 깨워도 일어나지 못했습니다. 자기들이 위험을 느낄 때는 죽지 않을 텐데도 죽게 되었다고 예수님을 깨우고, 예수님이 죽게 되었을 때는 세 번씩이나 깨워도 일어나지 않는 제자들입니다. 이 제자들이 우리의 모습이 아니겠습니까?

예수님께서는 일어나셔서 "잠잠하라, 고요하라"고 바람과 바다를 꾸짖으셨고 곧 잠잠케 되었습니다. 여기서 우리는 예수님의 신적인 권위를 볼 수 있습니다. 예수님의 평안은 세상의 바람과 바다를 잔잔하게 합니다. 예수님께서는 우리에게 평안을 주시기 위하여 이 땅에 오셔서 갖은 고난을 당하시고 십자가에 달리셨습니다. 세상이 주는 것과 다른 예수님의 평안이 우리의 삶에 함께 하기를 기원하며, 예수님만이 주시는 평안을 누리는 사순절이 되시기를 축복합니다.

오늘의 기도

풍랑 많은 세상에서 늘 주님과 함께 함으로 주님이 주시는 평안으로 살게 하소서.

DAY 13

예수를 만나 마을로 들어간 여인

오늘의 성경 구절/ 요 4:25-30

25 여자가 이르되 메시야 곧 그리스도라 하는 이가 오실 줄을 내가 아노니 그가
오시면 모든 것을 우리에게 알려 주시리이다
26 예수께서 이르시되 네게 말하는 내가 그라 하시니라
27 이 때에 제자들이 돌아와서 예수께서 여자와 말씀하시는 것을 이상히 여겼으
나 무엇을 구하시나이까 어찌하여 그와 말씀하시나이까 묻는 자가 없더라
28 여자가 물동이를 버려 두고 동네로 들어가서 사람들에게 이르되
29 내가 행한 모든 일을 내게 말한 사람을 와서 보라 이는 그리스도가 아니냐 하니
30 그들이 동네에서 나와 예수께로 오더라

요즘은 혼밥, 혼커, 혼술 등 무엇이든 혼자 해결하는 시대입니다. 하지만 모든 것을 홀로 결정하고 감당해야 하는 것은 어쩌면 이 시대의 비극일지도 모릅니다. 우리 사회는 '마음 속 마을'을 지워버리고, 고립된 '나 홀로' 사회로 나아가고 있습니다. 전 세계가 하나로 연결되었다는 '지구촌'이라는 말이 무색하게도, 현대인은 인종, 문화, 종교 등으로 쪼개져 오히려 옛날보다 마음속 마을이 점점 작아지고 있습니다.

예수님께서 사마리아라 하는 마을에서 한 여인을 만나셨습니다. 예수님께서 마을로 들어가신 이유는 다른 목적이 있는 것이 아니라 이 여인을 만나기 위해서였습니다. 성경은 여인을 만난 기사 외에 다른 기사를 적지 않고 있습니다. 사마리아는 기원전 955년에 나라가 분열되어 북이스라엘의 도시가 되었습니다. 그들은 이방인과 결혼하여 혼혈이 되었으므로 혈통을 중요시하는 유다 사람들과는 서로 원수가 되었습니다. 그래서 사마리아를 통과하지도 않았고, 사마리아 사람을 개처럼 취급했습니다. 그런데 예수님은 사마리아로 들어가셨고, 당시에는 남녀가 집 밖에서는 대화도 하지 않는데 여인에게 다가가신 것입니다. 그 여인은 제6시, 지금 시간으로는 정오에 물을 길으러 왔습니다. 우물이란 여인들의 놀이터로 더운 정오가 아니라 해 질 녘에 물을 길으러 오는 것이 통례였습니다. 이 여인이 사람이 없을 때에 물을 길으러 온 이유는 다른 여인들이 모여 자신의 이야기를 재미 삼아 할 것이 뻔하기 때문이었습니다. 그래서 사람의 눈을 피하여 우물가에 왔는데 하필이면 유대 남자를 만났고, 그가 자신에게 말을 걸어 온 것입니다.

이 여인은 다섯 남편이라는 마을 외에 마을이 없었고, 마을을 만들지 않았습니다. 몸은 사마리아에 살지만, 마음은 마을을 이미 떠나있는 사람이었습니다. 왜 그런지 아십니까? 자신의 삶이 마을을 없애버린 것입니다. 이 여인은 있던 마을도 없애며 살아가는 사람이었습니다. 옛날의 부족 전쟁을 보면 상대방의 마을을 불태워 초토화시켜 버립니다. 상대 마을을 불태워버리고 빼앗아 내 마을로 만드는 것입니다. 그러면 마을이 넓어진 것 같지만 오히려 마을은 점점 좁아집니다. 예수님을 만나기 전 여인은 마을을 다 지워버리고 혼자 작은 마을에 살던 여인이었습니다.

예수님께서는 이 여인을 만나 물 이야기로 대화를 여십니다. 그리고 남편 이야기, 예배 이야기로 대화를 넓혀 가십니다. 여인은 예수님께 메시아 곧 그리스도가 오실 것을 알고 있다고 하였습니다. 예수님께서는 여인에게 “내가 그로라”고 하셨고, 여인은 예수님이 그리스도이신 것을 알고 마을로 들어가서 “내가 행한 모든 일을 내게 말한 사람을 와서 보라 이는 그리스도가 아니냐”라고 외칩니다. 예수님을 그리스도로 알게 된 것은 신령한 은총입니다. 예수님을 만난다고 모두가 예수님을 그리스도로 아는 것은 아니기 때문입니다. 여인은 예수님을 만난 후 싫어하는 사람들이 우글거리는 마을로 들어갑니다. 예수님을 만나니 마을이 생겼고, 버린 마을을 얻었습니다. 싫던 마을이 좋아졌고, 쫓아내던 마을 사람들에게 그리스도를 전파하게 되었습니다. 여인의 마을이 넓어진 이유는 예수님을 만났기 때문입니다. 예수님의 마을은 세리와 죄

인도 친구가 될 만큼 큰 마을이었습니다.

여인의 마을이 넓어진 또 다른 이유는 물동이를 버렸기 때문입니다. 요한은 "물동이를 버려두고"라고 썼습니다. 여인에게 물동이는 물을 긷기 위해 꼭 필요한 중요한 도구였습니다. 그런데 물동이를 버렸습니다. 영원히 목 마르지 않는 물을 가졌으니 물동이가 필요하지 않았습니다. 여인이 물동이를 가지고 있을 때는 좁은 마을이었지만 물동이를 버렸을 때는 넓은 마을이 되었습니다. 물동이는 우리의 제도, 규격, 전통, 관습, 체면 등을 뜻합니다. 예수님을 만나기 전에는 중요했지만 예수님을 만난 사람들에게는 필요 없는 것입니다. 마을 사람들의 따가운 시선과 자신의 부끄러운 삶이 여인의 물동이였습니다. 예수님을 만나 물동이와 함께 이 모든 것을 버리니 자유하게 되었고, 이 홀가분한 마음이 마을로 들어가게 한 것입니다. 예수님께서는 땅끝까지 마을을 넓히시려고 이 땅에 오셔서 고난을 당하셨습니다. 영원히 목마르지 않는 물이신 예수님을 묵상하며 쓸모없는 물동이를 버리고 마을로 들어가 그리스도를 선포하는 넓은 마을을 가진 그리스도인이 되시기를 축복합니다.

오늘의 기도

영원히 목마르지 않는 물이신 예수님을 만나 땅끝까지 그리스도의 마을을 넓혀가는 삶을 살게 하소서.

14 DAY

귀신을 쫓아내신 예수

오늘의 성경 구절/ 마 8:28-34

28 또 예수께서 건너편 가다라 지방에 가시매 귀신 들린 자 둘이 무덤 사이에서
나와 예수를 만나니 그들은 몹시 사나워 아무도 그 길로 지나갈 수 없을 지경
이더라
29 이에 그들이 소리 질러 이르되 하나님의 아들이여 우리가 당신과 무슨 상관이
있나이까 때가 이르기 전에 우리를 괴롭게 하려고 여기 오셨나이까 하더니
30 마침 멀리서 많은 돼지 떼가 먹고 있는지라
31 귀신들이 예수께 간구하여 이르되 만일 우리를 쫓아 내시려면 돼지 떼에 들여
보내 주소서 하니
32 그들에게 가라 하시니 귀신들이 나와서 돼지에게로 들어가는지라 온 떼가 비
탈로 내리달아 바다에 들어가서 물에서 몰사하거늘
33 치던 자들이 달아나 시내에 들어가 이 모든 일과 귀신 들린 자의 일을 고하니
34 온 시내가 예수를 만나려고 나가서 보고 그 지방에서 떠나시기를 간구하더라

예수님의 치유 기적 가운데 병을 고치는 기적과 죽은 자를 살리신 기적, 귀신 들린 자를 고치신 기적이 있습니다. 귀신 들린 자를 고치신 기적은 여섯 번 기록이 있으며 몇 가지 특징이 있습니다. 예수님께서 병을 고치신 기적은 '고치시다'라고 하고, 죽은 자를 살리신 기적은 '살리시다'라고 하는데,

귀신 들린 자를 고치신 기적은 '귀신을 내어 쫓으시다'라고 합니다. 이는 귀신이 귀신 들린 자 안에 있다는 것을 의미합니다. 또 귀신을 내어 쫓으실 때 '더러운 귀신'이라고 합니다. 귀신은 더러운 존재입니다. 하나님께서는 질서와 밝음을 창조하셨고 청결을 기뻐하시고 원하십니다. 그런데 귀신은 혼돈과 어두움을 좋아하고, 더럽게 만드는 존재로 사람이나 짐승이나 무엇엔가 들어가 괴롭힙니다. 성경에는 귀신이 더럽고 광기와 간질을 일으키며, 시각장애인이 되게, 청각장애인이 되게, 열이 나게 한다고 합니다. 귀신 자신도 더럽고 추한 모습으로 나타납니다. 마가복음에는 귀신을 쇠사슬로도 맬 수 없다고 하고, 누가복음에는 옷을 입지 않았다고 표현합니다. 한번 상상해 보세요. 귀신들이 얼마나 사납고 추한 존재인가를 그 모양으로도 알 수 있습니다.

성경에는 귀신 들린 자의 행동이 두 가지로 나타납니다. 하나는 오늘의 본문처럼 광기가 넘치는 행동을 하는 것이고 다른 하나는 반대로 칩거하고 우울한 행동을 보이는 것입니다. 헬라어 성경에는 전자를 '마니아'라고 하고, 후자를 '멜랑콜리아'라고 합니다. 귀신 들린 자의 두 가지 행동은 모두 정상적이지 않습니다. 귀신들은 예수님을 만나자 "하나님의 아들이여 우리가 당신과 무슨 상관이 있나이까 때가 이르기 전에 우리를 괴롭게 하려고 여기 오셨나이까"라고 합니다. 귀신이 얼마나 영악한 영물인지 귀신도 예수님이 하나님의 아들이신 것을 압니다. 귀신도 하나님이 한 분이신 줄 믿고 떨지만 그 믿음은 구원받는 믿음이 아닙니다. 귀신은 그 지식을 가지고 사람들을 꾀고, 넘어지게 하며, 하나님을 배반하게 만듭니다. 귀신들도 자신들이 마지막 때가 되면 멸망하게 될 것을 알고 있습니다. 그러니 "아직도 그때가 되지 않았는데 왜 오셔서 괴롭게 합니까"라는 투정을 하는 것입니다. 하나님의 종말 계획으로 마지막 때가 되면 예수님께서 재림하시고, 대환난기를 지나, 천년왕국 이후에 사탄이 심판을 받게 될 것이라고 합니다. 그리고 구원받은 우리는 영원한 세계에 들어가게 될 것입니다.

귀신은 타협과 흥정의 명수입니다. 한 번 들어간 곳에서 좀처럼 나가지 않으려고 악을 쓰는 것이 귀신의 생리입니다. 귀신은 어디엔가 들어가서 그 존재를 심히 괴롭게 하는 존재이므로 예수님께 "우리를 쫓아 내시려면 돼지 떼에 들여 보내주소서"라고 흥정을 합니다. 예수님께서는 귀신들에게 "가라"고 하시어 들어가는 것을 허락하셨습니다. 이는 귀신이 아무리 포악하다고 하더라도 예수님의 주권 아래에 있다는 것을 증명합니다. 그리고 귀신도 하나님의 피조물로서 순종할 수밖에 없다는 것을 말합니다.

오늘 성경 본문에서 예수님께서는 '가라'고 한마디로 명하셨을 뿐입니다. 주님의 존재 자체가 곧 권위였기 때문입니다. 예수님의 한 마디 말씀에 귀신들은 돼지에게로 들어갔습니다. 다른 성경에는 돼지가 2천 마리였는데 온 떼가 비탈로 내리달아 바다에 들어가서 몰사하였다고 합니다. 예수님께서는 두 사람의 생명과 2천 마리 돼지의 생명을 바꾸신 것입니다. 여기에서 예수님의 사람에 대한 사랑을 엿볼 수 있습니다. 돼지도 하나님의 피조물이며 생명을 가졌지만 사람의 생명과는 비교할 수 없는 인간의 가치를 예수님께서 보이신 것입니다.

하나님께서는 한 사람이라도 구원받는 것을 원하십니다. 한 생명을 얻기 위하여 끝까지 기다리시고 참으시는 하나님이십니다. 온 천하를 주고도 바꾸지 않을 한 생명입니다. 예수님께서는 우리 속의 더러운 영에게 명령하십니다. “가라.” 우리의 생명을 사랑하시고 구원하기 위하여 이 땅에 오셔서 고난 받으시고 십자가에 죽으신 예수님을 묵상하는 사순절입니다. 우리 속의 더러운 영을 몰아내고 새 영으로 채우기를 바랍니다.

오늘의 기도

세상에 어떤 것보다 나를 사랑하시는 주님께 감사하며 우리 속의 더러운 것들을 제거하고 정결한 삶을 살게 하소서.

15 DAY

베데스다의 한 사람을 고치신 예수

오늘의 성경 구절/ 요 5:2-9

2 예루살렘에 있는 양문 곁에 히브리 말로 베데스다라 하는 못이 있는데 거기
행각 다섯이 있고
3 그 안에 많은 병자, 맹인, 다리 저는 사람, 혈기 마른 사람들이 누워 물의 움직
임을 기다리니
4 이는 천사가 가끔 못에 내려와 물을 움직이게 하는데 움직인 후에 먼저 들어
가는 자는 어떤 병에 걸렸든지 낫게 됨이러라
5 거기 서른여덟 해 된 병자가 있더라
6 예수께서 그 누운 것을 보시고 병이 벌써 오래된 줄 아시고 이르시되 네가 낫
고자 하느냐
7 병자가 대답하되 주여 물이 움직일 때에 나를 못에 넣어 주는 사람이 없어 내
가 가는 동안에 다른 사람이 먼저 내려가나이다
8 예수께서 이르시되 일어나 네 자리를 들고 걸어가라 하시니
9 그 사람이 곧 나아서 자리를 들고 걸어가니라 이 날은 안식일이니

예수님의 공생애 둘째 해의 어느 명절이었습니다. 주 사역지는 갈릴리였는데 명절이 되어 예루살렘을 방문하셨습니다. 유월절이 아니면 부림절이었을 것입니다. 예루살렘 양문 곁에 베데스다라는 못이 있는데 거기에 각색 병자들이 모여 있었습니다. 그 못은 천사가 가끔 내려와 물을 움직이는데 그

후에 먼저 들어가는 자는 어떤 병에 걸렸든지 나았기 때문이었습니다. 많은 병자들이 물이 움직이는 것을 기다리는 가운데 서른여덟 해 된 병자도 있었습니다.

서른여덟 해 동안 병으로 고생하던 이 병자를 한 번 생각해 보세요. 오랫동안 병상에 있었으므로 병으로 많은 고생을 한 사람입니다. 오랜 고난 가운데 절망적일 수밖에 없는 사람입니다. 일반적으로 일주일만 병상에 있어도 일어나 걷기 힘든데 38년이 되었으니 물이 움직일 때 자기 힘으로 못에 들어간다는 것은 불가능합니다. 그런데 무엇 때문에 베데스다 못 가를 떠나지 못하고 있을까요? 자신의 생명의 끈을 놓지 못하는 끈기와 언젠가는 못에 들어갈 수 있고 나을 수 있다는 희망 때문에 못 가를 지키고 있는 것입니다.

주님은 이런 사람을 불쌍히 여기시고 다가오십니다. 예수님께서 이 병자에게 "네가 낫고자 하느냐"라고 물으셨습니다. 이것은 얼마나 어리석은 물음 같습니까. 세상에 낫고 싶지 않는 병자가 어디 있으며, 베데스다 못 가에서 물이 움직이길 기다리는 자체가 낫고자 하는 열망 때문입니다. 그러나 예수님의 물으심에는 더 큰 의미가 있습니다. 예수님께서는 이 병자의 낫고자 하는 간절함을 확인하시는 것입니다. 38년이라는 긴 세월은 그를 체념케 했으며, 스스로 돌아갈 길조차 없는 그에게 치유는 이미 포기한 꿈이었을지도 모릅니다. 그

럼에도 예수님께서는 그가 여전히 낫고자 하는 열망과 희망을 버리지 않았는지를 확인하신 것입니다.

소망을 상실하는 것은 병입니다. 이는 병 이상의 죄입니다. 하나님은 소망의 하나님이시며 마른 영혼을 소생하게 하시는 분이십니다. 예수님의 물으심은 병자가 자신이 병들어 있다는 사실을 깨닫게 했습니다. 38년의 오랜 시간 속에서 자신이 병들어 있다는 사실조차 잊어버리고 무감각하게 살 수 있기 때문입니다. 예수님은 또 오랜 병이지만 나을 수 있다는 소망을 가지게 하시려고 물으신 것입니다. 이제는 물이 움직일 때마다 먼저 못에 들어가려고 아우성인 수많은 경쟁자가 중요하지 않습니다. 오직 예수님 한 분만이 그가 만나야 하는 대상입니다. 베데스다 못의 물의 움직임이 아니라 예수님의 말씀을 기대해야 하는 것입니다.

예수님께서 38년 된 병자를 만나시고 고치신 것에는 예수님만의 신령한 의도가 숨어 있습니다. 예수님은 못 가의 많은 병자들 가운데 이 한 사람을 주목하셨습니다. 그는 자신이나 다른 사람의 힘으로 절대로 못에 들어갈 수 없는 사람이었습니다. 못 가에 있어도 아무 것도 할 수 없는, 벼랑 끝에 서 있는 사람과 같았습니다. 사람의 힘으로 더 이상 아무 것도 할 수 없을 때 예수님의 기적은 나타납니다. 인간의 노력과 한계를 초월하는 것이 예수님의 기적입니다. 완전히 바닥에 떨어진 사람을 예수님은 다시 끌어올리시는 것입니다.

예수님의 치유와 구원은 철저하게 개인적입니다. 구원은 예수님과의 일대 일의 관계에서 '내가 예수를 그리스도로 믿는 것'입니다. 교회 공동체가 우리의 믿음과 구원에 중요한 역할을 하지만 결정적이진 못합니다. 우리 교회가 성령이 충만하다고 하여 내가 구원받는 것은 아닙니다. 구원은 어디까지나 개인적입니다. 예수님께서는 모든 사람을 사랑하시고 고쳐주시기를 원하시므로 "모두 다 일어나라"고 하면 되는데 그렇게 하지 않으셨습니다. 고쳐주기를 원하신 병자는 오로지 한 사람이었습니다.

예수님께서 그 사람을 주목한 것은 치유와 삶에 대한 열망과 더불어 말씀에 대한 순종 때문이었습니다. 예수님께서는 그 병자에게 "일어나 네 자리를 들고 걸어가라"고 하셨습니다. 이 병자는 오랜 병으로 일어날 수 없는 사람이었습니다. 38년이나 병들어 있었으므로 자리를 들 수도 없는 사람이었습니다. 그런데 예수님은 마치 이 병자를 베데스다 못 가에 산책을 나온 사람처럼 취급하며 일어나 자리를 들고 걸어가라고 하십니다. 예수님께서 그에게 자리를 들고 걸어가라고 하신 것에는 중요한 의미가 있습니다. 우선 이 병자가 예수님의 말씀에 순종하여 그대로 행하는 믿음이 있는지를 보시는 것입니다. 그리고 그가 예수님의 기적으로 완전히 나은 것을 증명하기 위하여 그렇게 명령하신 것입니다.

예수님은 이 병자를 못으로 데려가지 않고도 완전하게 고치셨습니다. 베데스다 못도 천사도 예수님의 말씀과는 비교할 수 없습니다. 우리도 오랜 영혼의 병으로 베데스다만 바라보는 병자가 아닙니까? 예수님의 말씀은 아무리 오랜 병이라도 치유합니다. 예수님의 말씀을 읊조리고 묵상하여 오랜 병이 낫기를 바랍니다. 예수님께서는 많은 사람 가운데 나에게 관심이 있고 주목하여 낫기를 바라고 계십니다. 나의 영혼과 육체를 고치시려고 이 땅에 오셔서 고난을 당하신 주님을 묵상하는 사순절입니다. 주님의 말씀으로 모든 병이 떠나가고, 일어나 세상을 향해 걸어가는 그리스도인이 되시기를 축복합니다.

오늘의 기도

나의 생명을 소중히 여기고 나의 소중함을 알아 예수님의 관심과 사랑을 받는 삶을 살게 하소서.

16 DAY

옷 가에 손을 댄 여인을 고치신 예수

오늘의 성경 구절/ 막 5:25-34

25 열두 해를 혈루증으로 앓아 온 한 여자가 있어
26 많은 의사에게 많은 괴로움을 받았고 가진 것도 다 허비하였으되 아무 효험이
없고 도리어 더 중하여졌던 차에
27 예수의 소문을 듣고 무리 가운데 끼어 뒤로 와서 그의 옷에 손을 대니
28 이는 내가 그의 옷에만 손을 대어도 구원을 받으리라 생각함일러라
29 이에 그의 혈루 근원이 곧 마르매 병이 나은 줄을 몸에 깨달으니라
30 예수께서 그 능력이 자기에게서 나간 줄을 곧 스스로 아시고 무리 가운데서
돌이켜 말씀하시되 누가 내 옷에 손을 대었느냐 하시니
31 제자들이 여짜오되 무리가 에워싸 미는 것을 보시며 누가 내게 손을 대었느냐
물으시나이까 하되
32 예수께서 이 일 행한 여자를 보려고 둘러 보시니
33 여자가 자기에게 이루어진 일을 알고 두려워하여 떨며 와서 그 앞에 엎드려
모든 사실을 여쭈니
34 예수께서 이르시되 딸아 네 믿음이 너를 구원하였으니 평안히 가라 네 병에서
놓여 건강할지어다

마가복음은 복음서 중 분량은 가장 짧지만, 내용의 약 3분의 1이 예수님의 기적으로 채워져 있습니다. 그 가운데 5장에는 귀신을 쫓으시고, 병자를 고치시고, 죽은 자를 살리신 기적이 동시에 기록되어 있습니다. 예수님께서 야이로의 딸

을 살리시려고 가는 동안에 혈루증 여인을 고치신 기적이 함께 나타나 '쌍둥이 기적'이라고 부릅니다. 특히 혈루증 여인을 고치신 기적은 예수님께서 전혀 의도하지 않은 돌발적 기적입니다.

인간적으로 이 여인의 형편은 최악이었습니다. 당시에 혈루증이란 고칠 수 없는 고질이었고, 부인이 이 병에 걸리면 남편으로부터 이혼의 사유가 되었습니다. 나아가서 율법에 의하면 부정한 병으로 간주되어 만지는 것도 금지되었고, 성전에 올라가지도 못하며, 공중 모임에도 참석하지 못했습니다. 남편이나 가족이나 친구나 주위 사람들로부터 완전히 소외되는 병이기 때문에 육신의 병보다 소외됨이 가장 큰 고통이었습니다. 이 여인은 열두 해를 앓았는데 이는 긴 세월이며 무서운 시간입니다. 성경에서 '12'라는 숫자는 완전수 혹은 만수라고 하여 꽉 찬 수를 말하는데 이 여인은 완전히 꽉 찬 세월 동안 병으로 고통당한 것입니다. 또 많은 의사에게 많은 괴로움을 받았다고 합니다. 의사에게 의존하는 것은 병자가 할 수 있는 최선의 노력이지만 이 모든 것이 다 허사였습니다. "많은 의사에게 많은 괴로움"이란 말로도 얼마나 이 여인의 고통이 컸던가를 상상할 수 있습니다. 게다가 이 여인은 의사에게 치료를 받느라 돈도 다 써버렸습니다. 병이 들어도 돈이라도 있으면 든든할 텐데 돈을 다 써도 낫지 않았기 때문에 성경은 가진 것을 다 허비하였다고 말합니다. 그렇게 사람을 의지하여 최선을 다 했지만 아무 효험이 없고 병세는 더 악화되었던 것입니다.

그러한 여인에게 절호의 기회가 왔습니다. 예수님께서 동네에 오신다는 소문을 들은 것입니다. 이 여인에게는 둘도 없는 기회입니다. 이번 기회를 놓치면 예수님을 다시 만날 수 있다는 보장도 없습니다. 그래서 여인은 율법이 금지하는 것도 무시하고, 당시 사회의 통념도 뒤로 한 채 군중 속에서 예수님께 가까이 다가갔습니다. 당시 예수님 주위 사람들에게 자신이 혈루증 병자인 것이 발각된다면 쫓겨났을 것입니다. 그래서 뒤로 와서 자신을 감추고 간신히 예수님의 옷 가에 손을 댄 것입니다. 이 여인이 예수님께 나아 온 것은 대단한 믿음이었습니다. 예수님 외에는 병이 나을 방법이 없음을 알고 군중 속에 들어온 것만 해도 믿음의 모험이었습니다. 또 예수님의 옷에 손만 대어도 구원을 얻으리라고 생각한 것 자체가 큰 믿음이었습니다. 돈과 세상의 의사를 의존하고 있던 여인이 예수님의 능력을 믿었다는 것은 칭찬할 만한 믿음입니다. 더구나 예수님의 옷만 만져도 나을 것이라 여긴 것은 구원받을 만한 믿음이었습니다.

이 여인의 믿음은 적중했습니다. 예수님의 옷에 손을 대자 혈루 근원이 곧 마르고 병이 나은 것을 깨달았습니다. 이 여인은 병이 나은 즉시 얼른 도망가고 싶었을 것입니다. 그런데 예수님께 들켰습니다. 예수님은 능력이 나간 줄을 아시고 무리를 향해서 "누가 내 옷에 손을 대었느냐"라고 하셨습니다.

예수님의 제자들은 군중 속에 오면 안 되는 혈루증 여인이 무리 중에 있었던 것도 몰랐습니다. 또 예수님께서 이미 옷에 손을 댄 여인을 알고 계시는데 제자들은 전혀 눈치채지 못했습니다. 그래서 그들은 "무리가 에워싸 미는 것을 보시며 누가 내게 손을 대었느냐 물으십니까"라고 하였습니다. 예수님의 제자들의 영적 능력이 이 여인보다 떨어졌습니다. 여인은 믿음으로 예수님께 나아와 옷에 손을 대었지만 제자들은 여인으로부터 예수님을 보호하지도 못하였고, 여인이 가졌던 정도의 믿음도 없었습니다. 예수님께서는 여인을 보려고 둘러보셨습니다. 여인은 예수님께 묻지도, 허락을 받지도 않은 채 옷에 손을 댄 자신의 무례한 행동에 두려워 떨며 나아왔고, 엎드려 모든 사실을 아뢰었습니다. 그때 예수님께서 "딸아 네 믿음이 너를 구원하였으니 평안히 가라 네 병에서 놓여 건강할지어다"라고 선포하셨습니다. 구원하였다는 헬라어 단어는 육체적 치유와 영적 구원을 함께 의미합니다. 여인은 육체적 치유뿐만 아니라 영적 구원까지 얻게 된 것입니다.

이 여인의 병을 낫게 한 것은 손을 댄 행위가 아닌, 나으리라는 믿음이었습니다. 믿음은 때로는 무모하게 보이는 용기입니다. 많은 의사가 다 고치지 못한 병을 예수님께서 고치시리라고 믿는 것은 이성적이지 않게 보입니다. 믿음은 이성을 초월하는 신뢰이며 이 믿음이 여인을 구원하였습니다. 그리고 평안히 가게 하였습니다. 이제는 군중 속에 있어도 누구 하나 율법을 어겼다고 시비할 수 없는 평안이 있습니다.

혈루증 여인을 고치신 기적은 모든 치유 기적 가운데 독특한 특징이 있습니다. 그것은 예수님께서 전혀 의도하지 않은 기적이라는 점입니다. 예수님의 치유 기적이란 예수님의 고치시는 능력과 병자의 믿음의 만남으로 이루어집니다. 이 여인의 경우처럼 중요한 것은 우리의 믿음입니다. 믿음이 있으면 예수님의 치유의 능력은 지금도 우리를 향해 쉬지 않습니다. 예수님께서는 우리의 몸과 마음의 병을 고치시려고 이 땅에 오셨습니다. 끊임없이 우리를 향해 내리시는 예수님의 치유의 은총으로 몸과 마음이 평안을 얻는 사순절이 되시기를 축복합니다.

오늘의 기도

세상의 막다른 골목에 다다랐을 때 주님이 나를 기다리신다는 확신으로 주님의 옷 가에 손을 대는 믿음으로 살게 하소서.

17 DAY

죽은 자를 살리신 예수

오늘의 성경 구절/ 막 5:35-43

35 아직 예수께서 말씀하실 때에 회당장의 집에서 사람들이 와서 회당장에게 이르되 당신의 딸이 죽었나이다 어찌하여 선생을 더 괴롭게 하나이까
36 예수께서 그 하는 말을 곁에서 들으시고 회당장에게 이르시되 두려워하지 말고 믿기만 하라 하시고
37 베드로와 야고보와 야고보의 형제 요한 외에 아무도 따라옴을 허락하지 아니하시고
38 회당장의 집에 함께 가사 떠드는 것과 사람들이 울며 심히 통곡함을 보시고
39 들어가서 그들에게 이르시되 너희가 어찌하여 떠들며 우느냐 이 아이가 죽은 것이 아니라 잔다 하시니
40 그들이 비웃더라 예수께서 그들을 다 내보내신 후에 아이의 부모와 또 자기와 함께 한 자들을 데리시고 아이 있는 곳에 들어가사
41 그 아이의 손을 잡고 이르시되 달리다굼 하시니 번역하면 곧 내가 네게 말하노니 소녀야 일어나라 하심이라
42 소녀가 곧 일어나서 걸으니 나이가 열두 살이라 사람들이 곧 크게 놀라고 놀라거늘
43 예수께서 이 일을 아무도 알지 못하게 하라고 그들을 많이 경계하시고 이에 소녀에게 먹을 것을 주라 하시니라

예수님의 기적 가운데 최고는 죽은 자를 살리신 기적일 것입니다. 죽은 자가 다시 산다는 것은 인간의 이성적 판단으로 가능한 일도 아니며, 의학적으로는 있을 수 없는 일입니

다. 그러나 예수님께서는 죽은 자를 다시 살리는 기적을 베푸셨습니다. 따르는 많은 사람들에게 시범으로 보이시기 위해서라면 한 번만 하셔도 될 일을 세 번이나 하셨습니다. 또 따르지 못하는 사람들에게 보이시기 위해서라면 죽었던 자들을 모두 살리셨을 것입니다. 그러나 예수님께서는 죽었던 세 사람을 다시 살게 하셨습니다.

오늘의 성경 본문에는 회당장 야이로의 딸을 살리신 기적이 나옵니다. 회당장 야이로가 예수님께 와서 자신의 딸이 병이 들어 죽게 되었으니 고쳐 달라고 간청합니다. 예수님께서 야이로의 집에 도착했을 때, 이미 아이는 죽었고 사람들은 딸이 죽었으니 예수님을 괴롭게 하지 말라고 하였습니다. 예수님께서는 야이로에게 두려워하지 말고 믿기만 하라고 하시며 베드로와 야고보와 요한 세 제자를 데리시고 그 집에 들어가셨습니다. 사람들이 울며 통곡하는 것을 보시고 예수님께서는 이 아이가 죽은 것이 아니라 잔다고 하셨고, 아이가 죽은 것을 아는 그들은 예수님을 비웃었습니다. 예수님께서 죽은 아이의 손을 잡고 '달리다굼'하시니 열두 살 된 소녀가 곧 일어나 걸었습니다. '달리다굼'은 "내가 네게 말하노니 소녀야 일어나라"는 뜻입니다. 이 말에는 재미있는 의미가 있습니다. 우선 이 말은 그냥 일어나라는 말이 아니라 당시에 어머니가 아이를 깨우는 소리였습니다. 아침에 어머니가 아이를 깨우며 "얘야, 일어나 밥 먹고 학교 가야지"라는 말입니다. 예수님께서 아이의 죽음을 보시고 죽은 것이 아니라 잔다고 하셨는데, 자는 아이를 깨우는 어머니의 말로 아이를 깨우셨다는 것입니다. 흔들어도 깨지 않고 깊이 잠들어 있는 아이를 아침에 깨우는 것은 어려운 일인데 예수님께서는 죽은 아이를 말 한마디로 쉽게 살리셨습니다.

'달리다굼'은 철저하게 아이에게 들려주는 개인적인 말이었습니다. 예수님의 기적은 언제나 예수님과 사람 사이의 인격적인 만남 속에서 이루어집니다. 이처럼 구원은 철저하게 예수님과 나 사이의 개인적인 고백이며 관계입니다. "내가 네게 말한다"는 말은 이인칭 단수입니다. 다른 사람들은 다 일어나지 말고 "소녀야 너만 일어나라"는 뜻입니다. 하나님을 나의 아버지로, 예수님을 나의 구주로 고백하는 것이 구원 얻는 믿음입니다.

예수님의 기적은 병든 자가 나았다거나 죽은 자가 살아났다는 현상이 목적이 아닙니다. 병든 자가 나았다고 하더라도 또 병들었을 것입니다. 죽은 자가 살아났다고 하더라도 또 죽었습니다. 우리는 예수님이 다시 살리신 사람들을 본 적이 없습니다. 그들이 모두 다시 죽었다는 말입니다. 예수님의 기적의 목적은 예수님께서 인간의 구원자이신 것을 증명하고 하나님께 영광을 돌리는 것이었습니다.

예수님께서는 세 사람을 죽은 자 가운데서 다시 살리셨습니다. 그들은 야이로의 딸과 나인성 과부의 아들과 나사로였습니다. 이 세 사람은 죽었다가 다시 살았지만 우리는 부활이라 하지 않습니다. 부활이란 죽었다가 다시 살아나고 영원히 다시 죽지 않는 것입니다. 그래서 성경은 예수님께서 부활의 첫 열매라고 합니다.

예수님 외에 누구도 부활하지 못하였습니다. 훗날 예수님의 부활처럼 우리는 모두 부활하게 될 것입니다. 예수님께서 다시 살게 하신 세 사람은 우리의 부활을 미리 보이신 예표입니다. 소녀인 야이로의 딸은 금방 죽어 아직 몸이 따뜻했을 때 예수님께서 '달리다굼' 하셨습니다. 나인성 과부의 아들은 청년으로 장례 행렬 도중에 예수님께서 관에 손을 대시고 '청년아, 내가 네게 말하노니 일어나라'고 하셨습니다. 나사로는 장년으로 죽은 지 나흘이 되어 썩은 냄새가 나는데 예수님께서 '나사로야, 나오라'고 하셨습니다. 어린 소녀이든, 청년이든, 장년이든, 금방 죽었든, 죽은 지 조금 지났든, 죽은 지 오래되어 썩었든 모두 다시 살 것이라는 부활을 미리 보이신 것입니다.

예수님이 죽은 자를 살리신 것은 최고의 기적이지만 현상만을 보고 예수님의 능력을 믿을 수는 없습니다. 기적은 말씀 속에서 나타나고 말씀을 믿어야 기적도 믿을 수 있게 됩니다.

죽은 자가 살아나는 것을 본다고 하더라도 하나님의 말씀을 듣지 않으면 기적을 믿을 수 없습니다. 기적은 현상이 아니라 말씀 안에서 행하시는 하나님의 능력입니다. 예수님께서는 우리가 죽음에서 부활하리라는 것을 확실히 보이시기 위해 우리에게 오셔서 죽으시고 부활하셨습니다. 말씀을 묵상하면서 우리 안에 행하시는 기적을 경험하는 사순절이 되시기를 축복합니다.

오늘의 기도

예수님께서 부활의 첫 열매가 되신 것에 감사하며, 언젠가는 나도 부활하여 주님과 영원히 사는 것을 믿으며 살게 하소서.

DAY 18

열두 제자를 부르신 예수

오늘의 성경 구절/ 마 10:1-4

1 예수께서 그의 열두 제자를 부르사 더러운 귀신을 쫓아내며 모든 병과 모든 약한 것을 고치는 권능을 주시니라
2 열두 사도의 이름은 이러하니 베드로라 하는 시몬을 비롯하여 그의 형제 안드레와 세베대의 아들 야고보와 그의 형제 요한,
3 빌립과 바돌로매, 도마와 세리 마태, 알패오의 아들 야고보와 다대오,
4 가나나인 시몬 및 가룟 유다 곧 예수를 판 자라

예수님 공생애의 가장 중요한 사역은 제자를 삼고 훈련하는 일이었습니다. 예수님께서는 세상에 계실 때 교회를 세우신 적이 없습니다. 그러나 예수님께서 승천하신 후에 제자들은 곳곳으로 흩어져 교회를 세우고 사람들을 훈련하여 그리스도인이 되게 하였습니다. 지금도 많은 교회들이 제자훈련을 하고 있는데 제자를 세워 훈련하는 것은 예수님께서 가르치시고 남겨놓으신 가장 중요한 일입니다.

성경에는 예수님의 제자들의 이름이 몇 군데에 기록되어

있습니다. 마태복음과 마가복음과 누가복음과 사도행전입니다. 우선 마태복음과 마가복음에는 제자를 세우신 목적을 기록합니다. 마태복음은 "예수께서 그의 열두 제자를 부르사 더러운 귀신을 쫓아내며 모든 병과 모든 약한 것을 고치는 권능을 주시니라"(마 10:1)라고 합니다. 마가복음은 "자기와 함께 있게 하시고 또 보내사 전도도 하며 귀신을 내쫓는 권능도 가지게 하려 하심이러라"(막 3:14-15)라고 합니다. 예수님께서 제자를 세우신 목적은 함께 있게 하시고, 전도하게 하시고, 귀신을 쫓아내게 하시고, 병과 약한 것을 고치게 하심이었습니다.

예수님께서는 사람을 세우는 것이 얼마나 중요한가를 친히 제자를 세우심으로 보여주셨습니다. 예수님이 세우신 제자들을 보면 예수님께서 사람을 세우시고 관리하신 기술의 탁월함을 볼 수 있습니다. 또 성경에 기록된 제자들의 이름에서 예수님께서 제자들을 세우신 의도를 쉽게 알 수 있습니다. 우선 예수님은 제자를 세우실 때에 네 사람씩 세 그룹으로 나누신 것이 분명합니다. 네 성경구절에서 공통적으로 첫 번째 이름은 베드로이며 안드레, 야고보, 요한의 이름은 베드로 아래에 열거된 이름들입니다. 공통적으로 다섯 번째 이름은 빌립이며 바돌로매, 도마, 마태의 이름은 빌립 아래에 열거되어 있습니다. 그리고 공통적으로 아홉 번째 이름은 알패오의 아들 야고보이며 나머지 세 사람의 이름이 그 아래에 열거되어 있습니다. 따라서 예수님께서 베드로, 안드레, 야고보, 요한 네 사람을 첫 번째 그룹으로, 빌립, 바돌로매, 도마, 마태를 두 번째 그룹으로, 야고보, 다대오, 시몬, 가룟유다를 세 번째 그룹으로 나누신 것을 알 수 있습니다. 그 가운에 베드로, 빌립, 야고보를 각 소그룹의 리더로 세우시고 나머지를 그룹 멤버로 있게 하신 것입니다.

예수님이 열둘밖에 되지 않는 적은 수의 제자를 네 사람씩 세 그룹으로 나누신 것에는 중요한 의도가 숨어 있습니다. 첫 번째 그룹의 제자들은 예수님과 내밀 관계(inner circle)에 있던 제자들로서 친숙하게 성경에 등장합니다. 우리는 이 제자들에 대하여 많은 것을 알고 있으며 그들은 많은 달란트를 가진 자들이었습니다. 또 그들은 특별히 예수님이 야이로의 딸을 살리실 때, 변화산에 올라가실 때 그리고 겟세마네 동산에서 기도하실 때 따로 데려가신 제자들입니다.

둘째 그룹은 첫째 그룹보다 덜 친숙하지만 성경을 통하여 어느 정도는 알고 있는 제자들입니다. 그러나 셋째 그룹은 거의 알지 못하는 자들입니다. 성경은 가룟유다를 제외한 셋째 그룹의 제자들은 이름 외에 그들의 활동이나 예수님과의 대화를 거의 기록하지 않습니다. 단지 유대인의 구전과 기록을 통하여 그들의 활동과 미래를 조금 알고 있을 뿐입니다.

예수님께서 열두 제자를 세 그룹으로 나누신 이유는 각각 다른 재능을 가진 다양한 부류의 사람을 제자로 삼으시기 위한 의도였습니다. 첫 번째 그룹의 제자들은 상당히 재능이 많은 자들입니다. 베드로를 비롯한 첫 번째 그룹은 재능도 많을 뿐 아니라 갈릴리의 중심인물들이었고, 두 번째 그룹은 재능이 많지도 적지도 않은 보통 인물들이었고, 세 번째 그룹은 특별한 재능이 없는 인물들이었습니다. 예수님께서는 이렇게 다양한 사람들을 제자로 선택하여 측근에 두셨습니다. 이는 예수님의 제자가 특정한 재능을 가진 자가 아니라 누구든지 자격이 있음을 의미합니다. 예수님의 사역에는 모든 부류의 사람이 다 필요하기 때문입니다. 예수님의 제자 모델이 우리에게 주는 은혜가 큽니다. 우리는 누구나 예수님의 제자가 될 수 있습니다. 그리고 달란트의 많고 적음은 하나님의 선택이지 나의 것이 아닙니다. 내가 할 일은 예수님을 위하여 성실하게 달란트를 사용하는 것입니다.

누가복음에는 "이 때에 예수께서 기도하시러 산으로 가사 밤이 새도록 하나님께 기도하시고 밝으매 그 제자들을 부르사 그중에서 열둘을 택하여 사도라 칭하셨으니"(눅 6:12-13)라고 기록되어 있습니다. 예수님의 제자들은 당시의 눈으로 볼 때는 형편없는 수준이었습니다. 제자들 가운데 귀족이나 고관 출신들이 하나도 없고, 서기관이나 학자들도 없었습니다. 위에서 말한 대로 예수님의 최측근이라고 할 수 있는 베드로,

안드레, 야고보, 요한은 갈릴리의 어부들이었습니다. 제자들 가운데 마태는 당시 유대인들의 공공의 적인 세리였습니다. 알패오의 아들 야고보는 도시 게릴라인 셀롯인(열심당원)이었습니다. 당시 사람들의 눈에 자격 미달인 자들을 위하여 예수님께서는 밤을 새워 기도하시고 제자로 세우신 것입니다.

지금도 예수님께서는 나와 같은 죄인을 예수님의 제자로 세우시기 위하여 밤새 기도하시는 수고를 아끼지 않으십니다. 예수님의 그 사랑과 수고로 우리는 예수님의 제자, 예수님을 믿는 그리스도인이 된 것입니다. 눈물겨울 정도로 감사한 예수님의 은혜입니다. 예수님은 우리를 살아 있는 제자가 되게 하시려고 이 세상에 오셔서 고난당하시고 죽으셨습니다. 이 말씀을 묵상하며 예수님의 제자가 된 것을 감사하는 사순절의 하루가 되기를 축복합니다.

오늘의 기도

나와 같이 부족한 사람을 주님의 제자, 그리스도인이 되게 하신 은혜를 감사하며 살아있는 제자로 사명을 다 하게 하소서.

DAY 19

칼을 주시고 분쟁하게 하신 예수

오늘의 성경 구절/ 눅 12:51-53

51 내가 세상에 화평을 주려고 온 줄로 아느냐 내가 너희에게 이르노니 아니라
도리어 분쟁하게 하려 함이로라
52 이 후부터 한 집에 다섯 사람이 있어 분쟁하되 셋이 둘과, 둘이 셋과 하리니
53 아버지가 아들과, 아들이 아버지와, 어머니가 딸과, 딸이 어머니와, 시어머니
가 며느리와, 며느리가 시어머니와 분쟁하리라 하시니라

사람들은 세상이 어려울 때마다 종말을 이야기합니다. 상상을 초월하는 악한 일을 볼 때마다 "말세야, 말세"라고 혀를 찹니다. 전쟁이나 자연재해를 만날 때마다 종말을 떠올리고 심지어 심한 고난이 닥치면 인간의 종말을 기대하기도 합니다. 시간의 끝인 종말이 오면 모든 고난도 끝난다고 생각하기 때문입니다.

예수님께서는 종말에 대한 징조를 상세하게 설명하시고(마 24), 종말에 관한 비유도 말씀하셨습니다(마 25). 예수님께서 그렇게 말씀하신 것은 종말이 반드시 올 것이며, 종말을 준비하

여 심판을 받지 않게 하려는 의도입니다. 노아 시대를 비롯하여 지금까지 많은 선지자들과 사도들과 이후 제자들은 종말에 대해 경고했습니다. 그러나 사람들은 마치 종말이 없는 것처럼 앞으로 닥칠 심판을 무시하고 살았습니다. 인간의 종말에 대한 이토록 무딘 감각을 깨우기 위해, 예수님께서는 여러 번 반복하여 강조하셨습니다.

오늘 본문에서 예수님께서는 땅에 불을 던지러 왔다고 경고하십니다. 이 말씀은 그리스도인에 대한 불신자들의 적대감을 의미합니다. 예수님께서 불을 주시므로 불신자들과는 더욱 적대감을 가지게 될 것이고 나뉘게 될 것이라는 것입니다. 마태복음에는 "내가 세상에 화평을 주러 온 줄로 생각하지 말라 화평이 아니요 검을 주러 왔노라"(마 10:34)라고 합니다. 예수님께서는 분명히 화평을 주러 오셨습니다. 예수님을 평화의 왕이라고 합니다. 그러나 예수님께서 오심으로 이미 심판과 종말이 시작되었습니다. 예수님께서 오심으로 선과 악의 갈등과 분열이 시작되었습니다. 그런 의미에서 예수님은 화평이 아니라 검을 주려고 오신 것입니다.

또 예수님께서는 "내가 온 것은 사람이 그 아버지와, 딸이 어머니와, 며느리가 시어머니와 불화하게 하려 함이니"(마 10:35)라고 하셨습니다. 나아가서 "둘이 한 자리에 누워 있으매 하나는 데려감을 얻고 하나는 버려둠을 당할 것이요 두 여자가 함께 맷돌을 갈고 있으매 하나는 데려감을 얻고 하나는 버려둠을 당할 것이니라"(눅 17:34-35)고 하십니다. 그리고 아버지와 아들, 어머니와 딸, 시어머니와 며느리가 분쟁할 것이라고 하셨습니다.

예수님께서 오심으로 믿는 것과 믿지 않는 것, 선한 것과 악한 것이 완전히 구분되며 믿음은 구원에, 믿지 않는 것은 멸망에 이르게 될 것이라고 하십니다. 이 말씀은 예수님께서 이 땅에 오심으로 이미 구원과 심판이라는 종말적 현상이 시작되었다는 뜻입니다. 그러므로 이미 종말은 시작되었습니다. 성경이 말하는 종말이란 어느 한 시점을 일컫는 것이 아니라 예수님께서 오신 이후의 기간을 의미합니다. 예수님께서 세상에 오심으로 선과 악, 신앙과 불신앙이 확연히 드러나게 되고 악과 불신앙이 심판을 받게 되었습니다. 예수님께서 오시기 전에는 감추어져 있던 것이 드러나게 된 것입니다. 그런 의미에서 예수님의 오심은 종말적 사건이었습니다.

예수님께서 오심으로 우리는 이미 종말 가운데 살고 있습니다. 이곳저곳에 종말의 소리가 크게 들리고 있습니다. 그런데 우리는 개인의 종말과 지구적 종말이 나에게 오지 않을 것처럼 무감각하게 살아갑니다. 바울은 고린도전서의 마지막 부분에 "만일 누구든지 주를 사랑하지 아니하면 저주를 받을지어다 우리 주여 오시옵소서"라고 합니다. "주여 오시옵소서"라는 말씀은 '마라나타'이며 이는 초대교회 성도들의 인사였습니다. 종말을 기다리는 초대교회 성도들의 간절함이 인사가 된 것입니다.

"내가 속히 오리라"는 말씀은 요한계시록에 4번 등장합니다. 초대교회 성도들은 예수님께서 금방이라도 오실 것이라는 종말적 기대감 속에서 열정적으로 살았고, 순교도 마다하지 않았습니다. 그런데 현대교회는 긴장감이 없는 무기력증에 병들어 있습니다. 이름만 가지고 알맹이가 없는 '명목상 그리스도인'이 점점 양산되고 있습니다. 무엇이 현대교회와 교인들을 이렇게 만들었을까요? 종말적 신앙이 없기 때문입니다. 긴급한 마음이 없기 때문입니다. 내일 예수님이 오신다면 이렇게 살겠습니까? 우리의 마음을 다시 한 번 다잡는 자세가 필요합니다. 예수님께서 세상에 오심으로 이미 시작된 종말 가운데 우리가 살고 있습니다. 주님의 고난과 우리의 구원을 묵상하고, 다시 오실 예수님을 기다리며 '마라나타'의 신앙으로 무장하는 그리스도인이 되시기를 축복합니다.

오늘의 기도

우리의 소망인 주님의 재림을 묵상하며 믿음으로 주님을 기다리는 삶을 살게 하소서.

DAY 20

천국은 침노하는 자가 얻는다

오늘의 성경 구절/ 마 11:11-15

11 내가 진실로 너희에게 말하노니 여자가 낳은 자 중에 세례 요한보다 큰 이가 일어남이 없도다 그러나 천국에서는 극히 작은 자라도 그보다 크니라
12 세례 요한의 때부터 지금까지 천국은 침노를 당하나니 침노하는 자는 빼앗느니라
13 모든 선지자와 율법이 예언한 것은 요한까지니
14 만일 너희가 즐겨 받을진대 오리라 한 엘리야가 곧 이 사람이니라
15 귀 있는 자는 들을지어다

미국 유학 시절, 신학교에서 조지 래드라는 교수님을 만났습니다. 이분은 평생 '하나님의 나라'를 연구하신 전문가이십니다. 강의 시간에 교수님이 하나님의 나라를 말씀하시다가 눈물을 주르르 흘리셨습니다. 하나님의 나라를 생각만 해도 감동이 밀려오는 것을 함께 느낄 수 있었습니다. 하나님의 나라는 예수님의 첫 선포이고, 예수님께서 이 땅에 오신 목적이었습니다. 그래서 예수님은 천국에 대한 많은 비유와 설명을 해주셨습니다. 그 가운데 오늘의 본문에는 독특한 천국 이

야기가 나옵니다. 천국은 세례요한 때부터 지금까지 침노를 당하는데 침노하는 자는 천국을 빼앗는다는 말씀입니다.

"천국은 침노를 당하다"는 말은 군사용어입니다. 헬라어 '비아제타이'는 '힘으로 진격하다', '힘으로 떠밀려 가다', '격렬하게 빼앗다'등의 뜻입니다. 천국은 강력한 힘을 가진 자에 의해 강탈당하거나 강점되는 것, 즉 습격에 의해 성이 정복되는 것과 같이 빼앗긴다는 뜻입니다. 이 말은 요한이 천국을 전파한 이후 당시에 죄인의 대명사로 불리던 세리와 창기들 그리고 이방인들이 열심히 천국을 차지하게 되었다는 것입니다. 천국은 강력한 힘으로 땅에 불시에 도래하는 것으로, 침략과 약탈의 대상이 아니라 역동적이고 열정적인 신앙인들이 차지하게 될 것이라는 말입니다.

"침노하는 자"는 강탈하는 자나 난폭한 자라는 부정적인 이미지가 아니라 용기 있는 자, 열정이 강한 자를 말합니다. 우리의 영원한 소망인 천국은 낙담하거나, 부정하거나, 불신하거나, 소심한 자는 얻을 수 없습니다. "침노하는 자"는 우리 믿음의 목적지인 천국을 쟁취하기 위해, 필사적인 힘과 노력을 바칠 수 있는 용기를 가진 자입니다. "빼앗느니라"라는 말의 뜻은 야수나 포식자가 먹이를 얻기 위하여 사력을 다해 자신의 손에 넣는 상태를 뜻합니다. 사자가 토끼 한 마리를 잡기 위해서 최선을 다해 집중하는 자세를 말하는 것입니다. 아무리 힘이 있고 빠르다고 하더라도 사력을 다하지 못하면 절대로 먹잇감을 얻을 수 없습니다. 상위 포식자들도 사냥에 실패하여 굶어 죽습니다. 그리스도인은 천국을 얻기 위하여 사력을 다하고 심혈을 기울여 온 정열과 힘으로 달려가 쟁취해야 합니다.

저는 야구를 좋아합니다. 야구는 규칙이나 용어가 그리스도인이 천국에 들어가는 것과 꼭 빼닮았습니다. 야구가 홈에서 출발하여 홈으로 들어가는 경기이듯이 우리 그리스도인들은 하늘나라에서 이 땅에 와서 다시 하늘나라로 가는 사람들입니다. 거의 모든 구기 종목이 공이 골대로 들어가야 점수를 얻는데 야구는 공이 아니라 사람이 홈에 들어가야 점수를 얻습니다. 야구는 홈에서 1루, 2루, 3루를 돌아 홈에 들어오는데 네 개의 루는 사각형입니다. 성경적 숫자로 3은 하늘의 수이며, 4는 땅의 수입니다. 야구는 홈에서 출발하여 세상 한 바퀴를 돌고 다시 홈으로 들어가는 경기입니다. 공격수인 타자는 혼자 한 바퀴를 돌아야 하는데, 타자를 홈에 들어가지 못하게 막는 수비수는 아홉 사람입니다. 또 야구는 어떤 경기에서도 볼 수 없는 용어를 가지고 있습니다. 그리스도교에서 가장 중요한 희생과 구원이라는 용어입니다. 그 가운데 재미있는 경기 규칙은 도루입니다. 도루는 문자 그대로 '루'(베이스)를 훔치는 것입니다. 왜 도루가 야구의 묘미입니까? 야구는 홈에 들어가는 경기인데 어떻게 하든지 홈에 들어가기 위하여 루를 훔치는 것입니다. 루를 훔쳐서라도 홈에 들어가려는 열망이 야구를 흥미롭게 합니다. 최고의 도루는 홈을 훔치는 '홈스틸'입니다.

구약은 오실 그리스도를 예언하고 있는 상징입니다. 구약 신학에 '모형학'이라는 주제가 있습니다. 구약의 모든 인물들과 사건들은 예수 그리스도의 모형이라는 뜻입니다. 모형을 '그림자'라고도 합니다. "그들이 섬기는 것은 하늘에 있는 것의 모형과 그림자라"(히 8:5), "율법은 장차 올 좋은 일의 그림자일 뿐이요"(히 10:1)라고 합니다. 출애굽기에 나타난 구원의 경로는 인류와 우리 개인의 구원을 모형으로 가르칩니다. 애굽에서 종살이하던 이스라엘 백성들이 하나님의 은혜로 홍해를 건넙니다. 출애굽한 이스라엘이 40년의 광야 생활을 거쳐 요단강을 건너 가나안에 들어가는 것이 구원입니다. 세상에서 죄의 종으로 살던 사람이 하나님의 은혜로 구원을 받고 교회 생활을 통하여 훈련을 받습니다. 교회 생활이 끝나면 죽음을 통하여 하나님의 나라에 들어가는 것이 구원입니다. 가나안은 하나님의 나라의 모형입니다. 가나안은 이미 하나님께서 아브라함에게 약속하신 이스라엘 백성의 땅입니다. 그런데 하나님께서 주신 그들의 땅에 일곱 족속들이 살고 있었습니다. 하나님께서 주신 땅이라고 하여 아무 수고 없이 대가도 지불하지 않고 들어가 차지하는 것이 아닙니다. 그들은 치열하게 전쟁해야 했고, 많은 희생을 치러야 했으며 심지어 이스라엘 백성의 잘못으로 전쟁에 패하기도 하였습니다. 그들이 약속의 땅인 가나안 전체를 차지하는 데는 많은 시간과 희생이 필요했습니다. 문자 그대로 그들은 가나안을 힘으로 빼앗았습니다. 가나안은 이스라엘 백성들에게 침노를 당한 것입니다.

우리가 천국을 얻기 위해서는 힘을 다해 싸워야 합니다. 천국을 차지하려는 열정과 소망이 있어야 합니다. 하늘나라에 들어가기 위하여 힘을 다해 열심히 달려가는데, 들어가지 못하게 막는 방해꾼은 수없이 많습니다. 천국은 훔치는 자가 빼앗습니다. 열심히 싸우고 달려 홈에 들어가면 그리스도께서 맞아 주실 것입니다. 우리에게 천국을 주시려고 이 세상에 오셔서 고난을 당하신 주님을 묵상하는 사순절입니다. 십자가를 향하여 나아가신 주님을 생각하며 천국을 빼앗는 간절함으로 천국을 묵상하며 쉼 없이 달려가는 그리스도인들이 되시기를 축복합니다.

오늘의 기도

우리의 영원한 소망인 천국을 주시기 위해 고난 당하신 주님을 묵상하며 열심히 천국을 향해 달려가게 하소서.

Day 21-30

예수는 [하나님] 이시다

세 번째 10일

21 DAY

안식일과 주일의 주인 예수

오늘의 성경 구절/ 마 12:1-8

1 그 때에 예수께서 안식일에 밀밭 사이로 가실새 제자들이 시장하여 이삭을 잘
라 먹으니
2 바리새인들이 보고 예수께 말하되 보시오 당신의 제자들이 안식일에 하지 못
할 일을 하나이다
3 예수께서 이르시되 다윗이 자기와 그 함께 한 자들이 시장할 때에 한 일을 읽
지 못하였느냐
4 그가 하나님의 전에 들어가서 제사장 외에는 자기나 그 함께 한 자들이 먹어
서는 안 되는 진설병을 먹지 아니하였느냐
5 또 안식일에 제사장들이 성전 안에서 안식을 범하여도 죄가 없음을 너희가 율
법에서 읽지 못하였느냐
6 내가 너희에게 이르노니 성전보다 더 큰 이가 여기 있느니라
7 나는 자비를 원하고 제사를 원하지 아니하노라 하신 뜻을 너희가 알았더라면
무죄한 자를 정죄하지 아니하였으리라
8 인자는 안식일의 주인이니라 하시니라

성경은 안식일의 중요성을 여러 번 강조합니다. 그 이유는 하나님께서 안식하셨고, 십계명에 하나님께서 친히 안식일을 기억하여 거룩하게 지키라고 명령하셨기 때문입니다. 하나님께서 천지를 창조하실 때 엿새 동안 모든 피조물들을

창조하시고 일곱째 되는 날에 안식하셨습니다. 안식은 일의 결과이고 수고의 대가이며, 피곤한 인간에게 필요한 것이지 하나님께는 필요하지 않습니다. 그러나 하나님께서 안식하신 것은 인간에게 안식의 모범을 보이신 것입니다. 하나님께서는 일하신 다음에 안식하셨지만 인간은 여섯째 날에 창조되어 그 다음날 안식하였습니다. 하나님의 창조의 시작은 노동이었지만 인간의 시작은 안식입니다. 하나님께 안식은 일의 결과이지만 인간에게 안식은 일의 시작입니다. 하나님보다 인간에게 안식은 훨씬 더 중요한 것입니다. 그러므로 인간에게는 일하는 날보다 안식의 날이 더 소중하며 안식은 우리가 할 수 있는 가장 신성한 일 중 하나입니다. 따라서 하나님께서 인간에게 안식일을 지키라고 하신 것은 최고로 감사한 명령입니다. 하나님께서는 "내가 거룩하니 너희도 거룩하라"(레 11:45)고 하셨고, "내가 너희를 선대하였은즉 너희도 내 아버지의 집을 선대하라"(수 2:12)고 하셨습니다. "내가 안식했으니 너희도 안식하라"고 하나님을 닮아 살기를 원하셨습니다. 그래서 이레에 하루를 택하여 안식의 날로 정하신 것입니다.

안식일이라는 말은 '사바트'라는 동사에서 파생되었습니다. 이 단어는 '그치다', '중지하다'라는 뜻을 가지고 있습니다. 안식일은 실제로 일을 그치고, 생각을 중지하고 하나님께 예배하는 날이어야 합니다. 청교도들은 안식일을 영혼의 장

날이라 불렀는데 영혼이 풍성한 날이기 때문입니다. 그런데 율법주의자들은 안식일을 영혼이 살찌는 날이 아닌, 영혼을 많은 계명으로 얽매인 날로 만들었습니다. 유대인들이 가진 613개의 많은 계명 가운데 안식일에 관한 계명만 39가지입니다.

예수님께서는 유대인으로 세상에 오셨습니다. 구약성경의 말씀들을 가르치시고 인용하셨으며, 율법 교사들과 변론하셨습니다. 그러나 예수님은 율법을 초월하시며 친히 율법을 완성시키시려고 오셨습니다. 안식일에 관한 규례도 마찬가지입니다. 율법의 눈으로 볼 때 예수님은 안식일을 많이 어기셨습니다. 그러나 예수님은 율법을 완성하려고 오셨기에 사랑의 눈으로 볼 때 안식일을 어기는 것이 아니었습니다. 한번은 예수님께서 안식일에 제자들과 함께 밀밭 사이로 가시다가 제자들이 시장하여 이삭을 잘라 먹었습니다. 이것이 바리새인들의 눈에는 안식일을 어기는 일이었습니다. 안식일에 밀 이삭을 자르는 것은 추수하는 일이고, 그것을 손으로 비비는 것은 곡식을 도정하는 일로 모두 안식일에 금하는 것이었습니다. 예수님께서는 바리새인들의 고발에 대하여 구약성경의 다윗의 예를 들어 안식일에 제사장들이 성전에서 행했던 일을 상기시키십니다. 그리고 예수님은 당신이 성전보다 큰 이이시고, 안식일의 주인이라고 하십니다.

예수님께서 승천하신 후 초대교회는 안식일이 아닌 주일을 예배하는 날로 지켰습니다. 일요일인 주일을 예배하는 날로 정한 것에는 중요한 의미가 있습니다. 예수님께서 안식 후 첫날에 부활하였으므로 이날에 예배하여 예수님의 부활을 기념하고, 생명이 새롭게 창조되는 의미를 간직하기 위함입니다. 초대교회는 구약의 안식일인 토요일이 아니라 예수님께서 부활하신 안식 후 첫날인 일요일에 모여 예배를 드렸습니다. 사도행전 20장 7절에는 "그 주간의 첫날에 우리가 떡을 떼려 하여 모였더니"라고 하여 초대교회의 예배가 안식일이 아닌 주일이 된 것을 밝힙니다. 그리고 이때의 주일(일요일) 예배가 교회의 전통이 되었습니다. 요한은 후에 요한계시록을 기록하면서 이날을 '주의 날'이라고 기록합니다(계 1:10). 요한계시록이 기록된 연대는 사도행전의 기록과 상당한 차이가 있으므로 이때 이미 '주의 날'이 예배하는 날이며, 안식 후 첫날의 이름이 되었다고 봅니다. 그 후 역사적으로는 콘스탄티누스 대왕이 기독교를 공인한 다음 일요일을 휴식의 날, 예배하는 날로 정하였습니다.

예수님께서는 "인자는 안식일의 주인이다"고 하십니다. 예수님은 하나님으로서 세상을 창조하시고 일곱째 날에 안식을 창조하셨기에 예수님은 안식일을 창조하신 주인이십니다. 또 예수님께서는 신령한 안식이 되십니다. 우리가 일요일을

'주일'이라고 부르는 것은 그날이 주의 날 즉 예수님의 날이기 때문입니다. 주일이 예수님의 날이므로 예수님은 주일의 주인이십니다.

안식일과 주일에 대한 논란은 초대교회에서도 심각한 문제였습니다. 그래서 바울은 "그러므로 먹고 마시는 것과 절기나 초하루나 안식일을 이유로 누구든지 너희를 비판하지 못하게 하라"(골 2:16)고 하였습니다. 이는 주일에 대한 논란을 잠재우기 위한 것이었습니다. 지금도 안식일의 규례를 주일에 접목하여 지켜야 한다는 논리가 있습니다. 주일을 예배하는 날로 거룩하게 지켜야 한다는 것에 이견은 없지만 거룩하게 지키는 것이 어떻게 하는 것인가는 깊이 생각할 필요가 있습니다. 예수님께서 주의 날의 주인이시므로 주일을 거룩하게 지키며 예배에 성심을 다하는 그리스도인이 되시기를 축복합니다.

오늘의 기도

안식의 축복을 주신 하나님께 감사하며, 우리 영혼의 안식일인 주님의 날을 거룩하게 지키는 평생의 삶이 되게 하소서.

DAY 22

천국 비유를 가르치신 예수

오늘의 성경 구절/ 마 13:44-48

44 천국은 마치 밭에 감추인 보화와 같으니 사람이 이를 발견한 후 숨겨 두고 기
뻐하며 돌아가서 자기의 소유를 다 팔아 그 밭을 사느니라
45 또 천국은 마치 좋은 진주를 구하는 장사와 같으니
46 극히 값진 진주 하나를 발견하매 가서 자기의 소유를 다 팔아 그 진주를 사느
니라
47 또 천국은 마치 바다에 치고 각종 물고기를 모는 그물과 같으니
48 그물에 가득하매 물 가로 끌어 내고 앉아서 좋은 것은 그릇에 담고 못된 것은
내버리느니라

천국은 예수님께서 세상에 오신 목적이며 첫 선포의 내용입니다. 성경이 천국을 증언하고 있고, 수많은 사람들이 영적으로 체험한 천국을 눈으로 보듯 말하고 있습니다. “나의 가는 이 길 끝에서 나는 주님을 보리라”는 복음성가의 가사가 있습니다. 이 찬양을 부를 때마다 눈시울이 붉어집니다. 천국은 환희의 나라입니다.

오늘의 말씀은 천국이 밭에 감추어진 보화와 같고, 자기

의 소유를 다 팔아 산 진주 하나와 같다고 하셨습니다. 세상에 어떤 보화보다도 귀한 것이 천국이라는 뜻입니다. 예수님께서 천국은 보화와 같다, 또 진주와 같다라고 하신 말씀은 누구나 보화를 귀하게 여기고 좋아한다는 심성을 아시기 때문입니다. 성경에도 이스라엘 사람들이 선호하던 금, 은, 보석들이 등장합니다. 오벨의 금, 에시온게벨의 보석 그리고 이스라엘 열두 지파를 상징하는 루비, 토파즈, 에메랄드, 석류석, 사파이어, 홍마노, 호박, 백마노, 자수정 등 12가지 보석이 대제사장의 에봇에 장식되어 있었습니다. 나아가서 요한계시록은 하나님의 나라를 묘사하면서 벽옥, 남보석, 옥수, 녹보석 등을 열거합니다. 하나님의 나라는 황금으로 길이 포장되어 있을 만큼 금도 흔한 것입니다. 성경이 가르치는 보석은 하나님의 영광과 천국의 아름다움을 상징하는 귀한 것으로 알려져 있습니다.

예수님께서 천국을 설명하실 때 보화와 진주를 사는 모습에 비유하신 것은 중요한 의미가 있습니다. 첫째는 밭에 감추인 보화와 진주의 가치를 알고 있다는 것입니다. 가치를 알지 못하면 모든 것을 다 팔아 이 하나를 살 이유가 없습니다. 천국의 가치를 아는 것은 신령한 지식이며 가치를 알고 투자하여 사는 것은 신령한 지혜입니다. 둘째는 천국의 가치를 알았다면 하나를 위해 전부를 파는 결단이 필요하다는 것입니다.

가치를 아는 것과 결단은 별개의 문제입니다. 셋째는 많은 것이 아니라 하나만으로 만족하는 집중력입니다. 세상에는 우리를 즐겁게 하고 유혹하는 것들이 많지만, 진정으로 우리를 만족시키는 것은 가장 소중한 단 하나입니다. 예수님이 가장 귀한 가치이며, 천국이 하나의 귀한 가치인 것입니다.

유다를 정복한 알렉산더 대왕이 작은 마을에 갔습니다. 그 마을에서 알렉산더는 이상한 재판 광경을 목격하게 되었습니다. 마을의 두 사람이 보석상자 하나를 두고 서로 자기의 것이 아니라고 다투고 있었습니다. 한 사람은 자신이 이미 땅을 팔았으니 땅속에 있는 보석상자도 함께 저 사람의 것이라고 하였습니다. 다른 사람은 저 사람에게서 땅을 샀지 땅속에 있는 보석을 산 것이 아니라 하였습니다. 마을 재판을 맡은 어른은 두 사람이 조금도 양보하지 않자 그들의 자녀를 결혼시켜 그 보석을 아들딸의 가정에 주라고 제안하였습니다. 이 재판을 본 알렉산더는 어른에게 말했습니다. “당신은 참 어리석은 재판을 하네요.” “그러면 당신 같으면 어떻게 하시겠습니까?” “나 같으면 두 사람 다 죽이고 내가 보석을 갖겠습니다.” 이 말을 들은 어른은 어처구니 없는 눈으로 알렉산더를 쳐다보며 말했습니다. “당신의 나라에도 해가 뜹니까?” 알렉산더에게 보물은 탐나는 것입니다. 그러나 두 마을사람은 보물보다 더 소중한 것을 알고 있었습니다. 보물보다 더 소중한 것을 아는 것이 신령한 지혜입니다. 그리고 가장 소중한 하나를 사기 위하여 모든 것을 포기하는 것이 큰 믿음이요 지혜입니다.

바울은 예수님 한분을 얻기 위하여 자신의 모든 것을 배설물같이 여겼습니다. 버릴 것이 없는 사람이라면 쉽겠지만 바울은 정말 가진 것이 많은 사람이었습니다. 그는 명문 가문 출신이며, 최고의 학문을 섭렵했고, 율법에 통달하였으며, 로마 시민권까지 가지고 있었습니다. 그런데 이 모든 것을 예수님을 아는 지식과 바꾸었던 것입니다.

여러분은 천국을 위하여 세상의 부귀와 영화를 다 버리고 예수님 한 분만을 살 준비가 되어 있습니까? 그렇게 할 지혜와 결단력이 있습니까? 예수님은 우리의 모든 것을 다 주고 얻을만한 가치가 있습니다. 천국은 우리의 목숨까지 바치며 얻어야 하는 가치가 있습니다. 우리에게 천국을 주시기 위해 고난당하신 주님을 묵상하는 사순절입니다. 예수님의 천국 비유를 묵상하며 주님을 결코 놓치지 않도록 결단하는 사순절이 되기를 축복합니다.

오늘의 기도

천국이 가장 가치 있고 소중한 것임을 알고 모든 것을 다 드려 천국을 소유할 수 있는 믿음과 결단을 가지고 살게 하소서.

DAY 23

오병이어의 진실을 주신 예수

오늘의 성경 구절/ 요 6:8-11

8 제자 중 하나 곧 시몬 베드로의 형제 안드레가 예수께 여짜오되
9 여기 한 아이가 있어 보리떡 다섯 개와 물고기 두 마리를 가지고 있나이다 그러나 그것이 이 많은 사람에게 얼마나 되겠사옵나이까
10 예수께서 이르시되 이 사람들로 앉게 하라 하시니 그 곳에 잔디가 많은지라 사람들이 앉으니 수가 오천 명쯤 되더라
11 예수께서 떡을 가져 축사하신 후에 앉아 있는 자들에게 나눠 주시고 물고기도 그렇게 그들의 원대로 주시니라

복음서에 기록된 예수님의 35가지 기적 가운데 4복음서가 공통적으로 기록하고 있는 기적은 '오병이어의 기적'입니다. 4복음서가 모두 이 사건을 기록했다는 점은, 기자들이 이를 잊을 수 없을 만큼 생생하게 기억하고 있으며 그들의 마음속 깊이 인상적인 기적으로 각인되었음을 의미합니다. 이 기적의 현장은 머릿속으로 떠올리기만 해도 경이로운 엄청난 사건이었을 것입니다. 4복음서 가운데 공관복음은 사건만을 충실하게 적고 있지만 요한복음은 그 뜻을 밝히며 예수님께

서 신령한 떡이 되심을 증거하고 있습니다.

이 기적은 역사적으로도 충분히 인상적입니다. 이스라엘은 유난히 기근이 많았습니다. 팔레스타인 지형이 농사에 적합하지 않기 때문입니다. 아브라함이 기근을 만나 애굽에 갔다가 자기 아내 사라를 누이라고 속인 사건이 있습니다. 이삭도 흉년으로 말미암아 그랄로 갔다가 아내를 누이라고 속였습니다. 야곱은 오랜 흉년을 만나 곡식을 구하기 위하여 아들들을 애굽으로 보냈다가 요셉이 살아있으며 애굽의 총리가 되었다는 소식을 듣고 애굽으로 이주합니다. 흉년과 기근이 일상이었던 그들의 삶에서 예수님께서 보리떡 다섯 개와 물고기 두 마리를 가지고 5천 명을 먹이셨다는 것은 주님을 메시아로 보기에 부족하지 않았습니다. 그래서 이 기적을 '메시아적 기적'이라고 부르기도 합니다.

예수님께서는 인간의 영혼뿐만 아니라 육적인 문제에도 관심을 가지십니다. 인간의 영혼과 육체의 필요를 채우시는 주님이십니다. 인간은 기본적인 육적 문제가 충족되지 않으면 영혼이 자유롭지 못합니다. 동시에 영혼이 병들게 되면 육체도 약해집니다. 그래서 예수님은 인간의 영혼과 육체를 함께 구원하셨습니다. 이 기적의 동기는 예수님의 사랑과 연민입니다.

날이 저물자 예수님은 말씀을 듣기 위해 빈들에 모인 사람들에게 기적을 베풀어 먹게 하십니다. 요한복음은 예수님께서 먹을 것으로 빌립을 시험하셨다고 합니다. 빌립은 2백 데나리온의 떡이 많은 사람들을 먹이기에 부족할 것이라고 하였습니다. 그는 계산에 빠르고 실증적인 사람이었습니다. 이런 사람은 언제나 부족하게 삽니다. 어차피 돈이 없는 제자들인데 "3백 데나리온이면 실컷 먹을 수 있습니다"라고 했으면 좋을 뻔했습니다. 예수님은 빈손으로 주님을 따르는 제자들에게 "너희가 먹을 것을 주라"고 하십니다. 이는 "너희가 먹을 것을 주겠다는 마음이 있으면 먹을 것은 내가 주겠다"는 말씀입니다. 예수님께는 언제나 풍요로움이 있다는 것을 보여주신 것입니다.

그런데 예수님께서 왜 제자들에게 "너희가 먹을 것을 주라"고 하셨을까요? 제자들은 예수님께 나아온 사람들을 먹여야 할 책임이 있습니다. 그리고 실제로 공급하시는 분은 예수님이십니다. 예수님의 기적이 아니면 그 많은 사람을 먹인다는 것은 어림없는 일이지만 예수님께는 쉬운 일입니다. 예수님께서 가르치신 기도에 "우리에게 일용할 양식을 주소서"라는 기도문이 있습니다. 이 기도는 하루에 먹을 양식만 가지고 그 이상을 탐내지 말라는 가르침입니다. 나아가서 내게 하루에 먹을 양식이 있으면 먹고 남은 것은 다른 사람에게 주라는 명령이기도 합니다.

예수님의 제자 안드레가 한 소년의 도시락을 예수님께 가지고 왔습니다. 예수님께 가지고 온 보리떡 다섯 개와 물고기 두 마리는 한 소년이 가지고 온 보잘 것 없는 도시락이었습니다. 더구나 물고기는 '익투스'가 아닌 '오프사리온'이란 단어를 썼는데 이는 절인 작은 물고기를 말합니다. 어린 소년의 서민 음식이었지만 이것이 주님의 손에 드려지게 될 때에 모든 사람에게 풍성한 기적의 역사가 나타났습니다. 안드레는 빌립과 달리 전혀 계산적이지 않습니다. 어떻게 보면 무모하기까지 한 성격을 가지고 있었습니다. 어부인 안드레는 소년이 가지고 온 물고기가 얼마나 초라한 것인가를 알면서도 예수님께 가지고 왔습니다. 빌립의 이성적인 판단에 비하면 안드레는 감성적인 행동이었습니다.

소년의 손에 들려진 것이 예수님의 손에 드려질 때 놀라운 기적이 일어났습니다. 예수님은 우리 손에 있는 것을 가지고 기적을 베푸십니다. 호렙산에 올라와 하나님을 만났던 모세는 하나님께서 이스라엘 백성을 구하기 위하여 애굽으로 가라고 하셨을 때 가지 못한다고 버텼습니다. 그때 하나님께서는 모세에게 "네 손에 있는 것이 무엇이냐?"라고 하십니다. 모세는 하나님의 명에 따라 손에 들린 지팡이를 던집니다. 하나님은 그 지팡이가 하나님의 지팡이가 되게 하시고 지팡이로 온갖 기적을 베푸십니다. 다윗도 그랬습니다. 그의 손에 들려진 물맷돌 5개로 골리앗을 물리쳤습니다. 하나님께서는 지금도 우리의 손에 없는 것을 내놓으라고 하시지 않습니다. 우리 손에 무엇이 있는가를 보세요. 그리고 그것을 주님께 드리세요. 주님은 지금도 그것으로 놀라운 기적을 베풀어주실 것입니다.

소년의 도시락이 5천 명이 먹고도 남은 풍성한 식사가 되었습니다. 예수님은 먹고 남은 것을 버리지 않고 다시 거두게 하셨습니다. 예수님께서는 모든 사람이 풍성히 먹고 나머지가 하나도 없게 하실 수도 있었을 것입니다. 그런데 왜 먹고 남게 하셨을까요? 어떤 이는 열두광주리에 거둔 음식을 그 소년에게 주셨을 것이라고 합니다. 예수님은 예수님께 모든 것을 드린 사람이 절대 손해 보지 않게 하시고, 더 풍성한 것으로 채워 주십니다. 예수님께서는 우리를 부요하게 하시기 위해 스스로 가난하게 되시고 이 땅에서 고난을 당하셨습니다. 주님께 우리 손에 있는 것을 드려 더 풍성한 은혜를 누리는 사순절과 매일의 삶이 되시기를 축복합니다.

오늘의 기도

나의 것을 주님의 손에 드림으로 주님의 기적이 나타나 많은 사람을 풍요하게 하시는 삶을 살게 하소서.

DAY 24

물 위를 걸으시는 예수

오늘의 성경 구절/ 마 14:28-32

28 베드로가 대답하여 이르되 주여 만일 주님이시거든 나를 명하사 물 위로 오라
하소서 하니
29 오라 하시니 베드로가 배에서 내려 물 위로 걸어서 예수께로 가되
30 바람을 보고 무서워 빠져 가는지라 소리 질러 이르되 주여 나를 구원하소서
하니
31 예수께서 즉시 손을 내밀어 그를 붙잡으시며 이르시되 믿음이 작은 자여 왜
의심하였느냐 하시고
32 배에 함께 오르매 바람이 그치는지라

예수님께서 물 위를 걸으시는 기적은 오병이어 기적에 이은 자연 기적입니다. 오병이어 기적을 베푸신 후에 예수님께서는 제자들이 먼저 갈릴리 호수 건너편으로 가게 하셨습니다. 갈릴리는 지형적으로 바람이 불고 풍랑이 거센 곳이었으므로 제자들도 어느 정도 예상은 했을 것입니다. 그런데 어부들이었던 제자들도 견디기 힘든 풍랑이 일어났습니다.

예수님의 말씀을 듣고 갈릴리로 나갔던 제자들은 밤새 큰

바람 때문에 괴로움을 당합니다. 그런데 예수님께서는 제자들이 바람 때문에 건너편으로 가지도 못하고 노를 젓느라 고생을 하고 있는 것을 아시면서도 유유히 바다 위를 걸어오셨습니다. 제자들의 입장에서는 바다 위를 걸어오시는 것보다 바람을 잔잔하게 하는 것이 우선이었을 것인데 예수님의 의도는 제자들과는 달랐습니다. 이 정도의 바람과 파도에는 죽지 않는다는 것을 알게 하시고, 심한 바람과 거센 파도도 지배하시는 것을 보여주시기 위함이었습니다.

예수님의 말씀에 순종하여 갈릴리로 갔다면 바람이 없이 잔잔하게 해주셔야 하지 않겠습니까? 그런데 예수님의 말씀에 순종하여 가도 바람은 있습니다. 예수님과 함께 가도, 예수님의 말씀을 순종하여 가도 거센 바람은 있습니다. 우리가 세상에서 예수님과 함께 살아도, 예수님의 말씀을 순종하며 살아도 세상의 풍랑을 면제받지 못합니다. 그러나 분명한 것은 그 풍랑 때문에 죽지 않는다는 것입니다. 주님 없이 당하는 풍랑은 시험이 되어도 주님과 함께 당하는 풍랑은 연단을 통한 능력이 됩니다.

심한 풍랑 가운데서 물 위를 걸어오시는 예수님을 한 번 상상해 보세요. 예수님께서 세상을 지배하시는 왕의 모습입니다. 바다는 세상의 상징인데 예수님께서 바람과 풍랑이 심한 물 위를 걸어오신 것은 아무리 세상이 요동한다고 하더라도 예수님께서 세상을 지배하신다는 뜻입니다.

그런데 그들은 기다리던 예수님께서 물 위로 걸어 가까이 오셨을 때 "유령이다"라고 하였습니다. 조금 전만 하더라도 예수님께서 놀라운 기적으로 5천 명을 먹이시는 것을 보았는데 예수님의 신적 능력도 잊어버리고 물 위로 걸어오실 것을 상상도 못한 것입니다. 예수님을 아는 것은 신령한 영적 지혜를 통해서 가능합니다. 예수님께서 부활하신 후 엠마오에 가셨을 때, 예수님과 오랫동안 함께 하고 말씀도 듣고 기적도 보았던 두 제자도 예수님을 알아보지 못했습니다.

제자들이 몹시 놀라자 예수님은 "안심하라 나니 두려워하지 말라"고 하셨습니다. 풍랑 때문에 육적 고통이 심한 제자들은 예수님을 유령으로 착각하여 영적 고통을 당하고 있었습니다. 이중의 고통을 당하던 제자들에게 예수님께서 오신 것은 큰 위로가 되었을 것입니다. 더구나 그들이 알아듣도록 예수님의 음성을 들려주셨으니 그들은 기뻤을 것입니다. 예수님은 예수님께서 어떤 분이신가를 분명히 보게 하셨고, 듣게 하셨습니다. "나니"라고 하신 말씀은 "내가 하나님이다"라는 뜻입니다. 이 말씀은 헬라어로 '에고 에이미'라는 말인데 영어로는 'I am'이란 말입니다. 'I am'은 하나님의 이름입니다. 예수님께서 물 위를 걸으심은 물을 창조하신 하나님이시기 때문입니다.

예수님께서 물 위를 걸으시는 것을 본 베드로는 예수님을 확실하게 믿지 못했습니다. 그는 "유령이다"라고 했던 다른 제자들과 별로 다를 것이 없어 보입니다. 베드로는 예수님께 "주여 만일 주님이시거든"이라고 하였습니다. 그러나 그 다음에 그는 "나를 명하사 물 위로 오라 하소서"라고 하였습니다. 여기에 베드로가 다른 제자들보다 뛰어난 면이 드러납니다. 그는 다른 제자들보다 예수님께 한 발 가까이 가 있었고, 누구보다 용기가 있었습니다. 예수님께서 오라고 하시는 말씀을 듣고 베드로는 물 위를 걸어 예수님께로 갔습니다. 그러나 잠시 후에 바람을 보고 무서워 물에 빠졌습니다. 물에 빠진 베드로의 모습은 굴욕적입니다. 그러나 베드로가 물에 빠졌다고 비난하지만 그는 다른 제자들보다 월등한 믿음을 가지고 있었습니다. 왜냐하면 다른 제자들은 배에서 한 걸음도 나오지 못했기 때문입니다.

예수님은 손을 내밀어 그를 건져주시고 "믿음이 적은 자여 왜 의심하느냐"라고 꾸짖으십니다. 예수님은 건져주시고 꾸짖는 분이십니다. 건져주는 것이 우선 필요한 것입니다. 그런데 베드로는 왜 물에 빠졌을까요? 많은 분들은 '믿음이 적어서', '의심해서'라고 합니다. 베드로가 물에 빠진 이유는 물이기 때문입니다. 물에는 빠지게 되어 있습니다. 잠시라도 빠지지 않은 것이 기적이고 은혜입니다. 우리가 세상을 살아가면서 세상 속에 빠지지 않은 것은 기적입니다. 모든 사람이 다 세상 속에 빠져 살 때 간신히 세상 위를 걷는 것은 오로지 은혜 때문입니다.

예수님이 세상 속에 우리를 보내실 때 마치 양을 이리 가운데 보내는 것과 같을 것입니다. 그래서 늘 우리에게서 눈을 떼지 못하시고 손을 잡고 함께 가십니다. 우리가 세상에 빠지지 않게 하시려고 예수님은 손을 내밀어 건져주시고 세상 위를 걷게 하십니다. 우리를 건지시기 위해 구원자로 오셔서 고난당하신 예수님을 감사의 마음으로 깊이 묵상하는 오늘이 되시기를 축복합니다.

오늘의 기도

예수를 믿는 우리에게도 세상의 풍랑은 쉴 새 없이 몰아치지만 내미시는 주님의 손을 잡고 세상을 이기게 하소서.

25 DAY

살아계신 하나님의 아들 예수

오늘의 성경 구절/ 마 16:13-20

13 예수께서 빌립보 가이사랴 지방에 이르러 제자들에게 물어 이르시되 사람들
이 인자를 누구라 하느냐
14 이르되 더러는 세례 요한, 더러는 엘리야, 어떤 이는 예레미야나 선지자 중의
하나라 하나이다
15 이르시되 너희는 나를 누구라 하느냐
16 시몬 베드로가 대답하여 이르되 주는 그리스도시요 살아 계신 하나님의 아들
이시니이다
17 예수께서 대답하여 이르시되 바요나 시몬아 네가 복이 있도다 이를 네게 알게
한 이는 혈육이 아니요 하늘에 계신 내 아버지시니라
18 또 내가 네게 이르노니 너는 베드로라 내가 이 반석 위에 내 교회를 세우리니
음부의 권세가 이기지 못하리라
19 내가 천국 열쇠를 네게 주리니 네가 땅에서 무엇이든지 매면 하늘에서도 매일
것이요 네가 땅에서 무엇이든지 풀면 하늘에서도 풀리리라 하시고
20 이에 제자들에게 경고하사 자기가 그리스도인 것을 아무에게도 이르지 말라
하시니라

성경에는 예수님에 대한 여러 사람의 신앙고백이 있습니다. 베드로는 "주는 그리스도시요 살아 계신 하나님의 아들이시니이다"라고 고백했습니다. 나다나엘은 "당신은 하나님의 아들이시요 당신은 이스라엘의 임금이로소이다"라고 고백했

으며 마르다는 “주는 그리스도시요 세상에 오시는 하나님의 아들이신 줄 내가 믿나이다”라고 고백했습니다. 십자가 아래의 백부장은 “이 사람은 진실로 하나님의 아들이었도다”라고 고백했고 도마는 “나의 주님이시요 나의 하나님이시니이다” 라고 고백했습니다. 그 가운데 우리가 가장 익히 알고 있는 것은 베드로의 고백입니다.

예수님께서 가이사랴 빌립보 지방에 이르렀을 때에 제자들에게 “사람들이 인자를 누구라 하느냐”라고 물으셨습니다. 제자들은 더러는 세례요한, 더러는 엘리야, 더러는 예레미야나 선지자 중의 하나라고 한다고 하였습니다. 그때 예수님께서 “너희는 나를 누구라 하느냐”라고 물으셨고, 베드로가 예수님께 “주는 그리스도시요 살아 계신 하나님의 아들이시니이다”라고 대답했습니다.

예수님이 누구신가를 아는 것은 신앙의 핵심이며 가장 중요한 신앙고백입니다. 예수님을 향한 분명한 고백 없이는 바른 신앙이 될 수 없기 때문입니다. 종교란 두 가지 중요한 점을 가집니다. 첫째는 신앙의 대상이며, 둘째는 내세관입니다. 모든 종교 가운데 신앙의 대상인 삼위일체 하나님 그리고 죽음 이후에 하나님의 나라를 확실하게 가진 종교는 그리스도교밖에 없습니다. 예수님이 누구이신가를 아는 것은 우리 신앙의 대상을 확실히 아는 것입니다. 우리는 삼위일체 하나님

즉 성부 하나님, 성자 예수님 그리고 성령 하나님을 믿고 있습니다. 당시의 사람들은 예수님이 누구신가를 알지 못했습니다. 그래서 세례요한, 엘리야, 예레미야, 선지자 중의 한 사람이라고 하였습니다. 율법을 잘 알고 있던 유대주의자들이 그런 말을 했습니다. 예수님은 흔히 세상 사람들이 말하는 4대 성인이 아닙니다. 당시 사람들이 말하는 랍비 중의 한 사람이 아닙니다. 예수님은 신령한 지혜로 알 수 있습니다.

'예수 그리스도'는 '예수는 그리스도이시다'라는 말의 줄임말입니다. 오히려 영어로 더 쉽게 이해할 수 있습니다. 'Jesus Christ'는 'Jesus is Christ'로 'is'를 생략한 말입니다. 그런 의미에서 '예수 그리스도'는 두 단어만으로도 굉장한 신앙고백입니다.

베드로의 신앙고백은 "주는 그리스도시요"로 시작합니다. '주'라는 말도 중요한 고백입니다. 예수님을 주라고 고백하는 것은 예수님께서 나의 주인인 것을 뜻합니다. 로마가 이스라엘과 지중해 연안 국가 전체를 지배하고 있던 로마제국 시대에 '주'라고 하는 말은 당시 로마 황제인 시저(가이사)에게만 사용할 수 있었습니다. 그런데 그리스도인들이 하나님과 예수님을 '주'라고 부르니 시저 입장에서는 눈에 거스릴 수밖에 없었습니다. 네로 황제부터 디오클레티아누스 황제까지 250년 동안 로마가 그리스도인을 박해한 주원인은 그리스도인들이 예수님을 '주'라고 하기 때문이었습니다. '그리스도'는 메시야 즉 구세주라는 뜻으로 그 어원은 '기름 부음 받은 자'라는 의미를 가지고 있습니다. 구약시대에 기름 부음을 받는 사람은 왕, 제사장, 선지자였습니다. 예수님은 이 땅에 오실 때에 왕으로, 제사장으로, 선지자로 오셨습니다. 그래서 예수님은 우리를 구원하시는 구세주가 되신 것입니다.

베드로는 "살아계신 하나님의 아들이시니이다"라고 고백하였습니다. 이 고백은 예수님의 신성을 인정하는 말입니다. 예수님은 세상에 인간의 몸을 입고 오셨습니다. 그런 예수님의 신성을 고백한다는 것은 위대한 일입니다. 하나님은 살아계십니다. 하나님은 죽지 않으십니다. '하나님은 죽었다'라는 말은 명제가 성립되지 않는 말입니다. 하나님은 죽지 않는 존재이며, 죽었다면 처음부터 하나님이 아니었습니다. 베드로의 고백은 인간의 판단이 아니라 하나님께서 알게 하신 신령한 지식으로 가능한 것입니다. 예수님이 누구신가라는 나의 고백이 확실한 사순절의 하루가 되기를 축복합니다.

오늘의 기도

나를 위하여 십자가에 못 박혀 죽으신 예수님이 나의 주님이신 것을 믿고 고백하는 삶을 살게 하소서.

26 DAY

이런 자를 따르게 하신 예수

오늘의 성경 구절/ 마 16:21-25

21 이 때로부터 예수 그리스도께서 자기가 예루살렘에 올라가 장로들과 대제사
장들과 서기관들에게 많은 고난을 받고 죽임을 당하고 제삼일에 살아나야 할
것을 제자들에게 비로소 나타내시니
22 베드로가 예수를 붙들고 항변하여 이르되 주여 그리 마옵소서 이 일이 결코
주께 미치지 아니하리이다
23 예수께서 돌이키시며 베드로에게 이르시되 사탄아 내 뒤로 물러 가라 너는 나
를 넘어지게 하는 자로다 네가 하나님의 일을 생각하지 아니하고 도리어 사람
의 일을 생각하는도다 하시고
24 이에 예수께서 제자들에게 이르시되 누구든지 나를 따라오려거든 자기를 부
인하고 자기 십자가를 지고 나를 따를 것이니라
25 누구든지 제 목숨을 구원하고자 하면 잃을 것이요 누구든지 나를 위하여 제
목숨을 잃으면 찾으리라

오래전 후나이 유키오의 '셀프 매니지먼트'라는 책을 재미있게 보았습니다. 그 책에 이런 이야기가 나옵니다. 태평양 전쟁이 한참일 때 미군 전투기가 일본에 기총사격을 시작하였습니다. 전투기는 하늘을 한 바퀴 선회한 후 다시 총을 쏘아 공격하였습니다. 중학생이었던 저자는 단순한 사실을 알

고 안심하였답니다. 미군 전투기가 한 방향으로만 공격하였는데 사람들이 도망가는 방향으로 쫓아가면서 총을 쏘았던 것입니다. 그는 꾀를 내어 사람들이 뛰는 반대 방향으로 뛰기 시작하였습니다. 그 후부터는 전투기의 공격이 두렵지 않았다고 합니다. 예수님을 따라가는 삶은 세상 사람들이 가는 방향과 반대로 뛰어가는 삶입니다. 세상 사람들과 반대로 뛰는 것은 어려운 삶입니다. 다른 사람들과 같은 방향으로 가는 것은 쉽지만 반대로 가려면 많은 고통이 따를 수 있습니다. 때로는 세상으로부터 왕따를 당할 수도 있습니다.

예수님의 제자의 도는 예수님을 따르는 것입니다. 제자들은 머리로 깨닫고 몸으로 따르는 자들입니다. 예수님은 베드로에게 "나를 따라 오너라 내가 너희로 사람을 낚는 어부가 되게 하리라"(마 4:19)고 하셨습니다. 베드로는 모든 것을 다 버리고 예수님을 따랐습니다. 야고보와 요한도 "그 아비를 삯꾼들과 함께 배에 버려두고 예수를 따라가니라"(막 1:20)고 합니다. 마태는 세리장으로 세관에 있다가 그 좋은 자리를 버리고 예수님을 따랐습니다. 예수님께서는 "누구든지 나를 따라오려거든 자기를 부인하고 자기 십자가를 지고 나를 따를 것이니라"(마 16:24)고 하시며 따르는 법을 가르치셨습니다.

예수님을 따르는 법은 자기 부인과 십자가를 지는 것입니다. 예수님을 따르기 위해서는 먼저 자기를 부인해야 합니다. 자기를 부인하는 것이 기본 자세로 이는 곧 예수님이 행하신 모습과 같습니다. 예수님께서 자신을 부인하지 않으면 우리의 구세주가 되실 수 없고, 우리도 자신을 부인하지 않으면 그리스도인이 될 수 없습니다. 예수님께서 인간화되시고, 종이 되시고, 자기를 비우시고, 재판정에서 침묵하시고, 매를 맞으시고, 십자가를 지신 모두가 자기 부인이었습니다.

성경에서 하나님의 사람들은 한결같이 자기를 부인한 사람들이었습니다. 모세는 하나님께서 이스라엘 백성들을 구하기 위하여 애굽으로 가라고 하셨을 때 "저는 못 갑니다. 입이 뻣뻣하여 말도 못합니다"라고 하였습니다. 하나님은 모세를 설득하여 보내십니다. 하나님을 만난 이사야는 "화로다 나여 망하게 되었도다 나는 입술이 부정한 사람이요"라고 하였습니다. 베드로가 처음 예수님을 만난 날, 베드로는 많은 물고기 앞에서 "주여 나를 떠나소서 나는 죄인이로소이다"라고 하였습니다. 예수님을 만난 후 예수님밖에 모르던 사도바울도 다메섹으로 가는 도중에 "죄인 중에 내가 괴수라"고 하였습니다. 주님은 할 수 없다고 하는 사람, 자신이 죄인이라고 하는 사람을 쓰십니다. 자기를 부인하는 사람이 진실한 사람이기 때문입니다.

또 자기 십자가를 지는 사람이 예수님을 따를 수 있습니다. "자기 십자가를 지고"라는 말은 두 가지 의미가 있습니다다. 첫째는 모든 사람이 각자의 십자가가 있다는 것입니다. 둘째는 십자가는 걸어놓는 장식이 아니라 져야 한다는 것입니다. 기독교의 두 가지 상징물이 있습니다. 십자가와 수건입니다. 구속과 섬김의 상징입니다. 영성가 리처드 포스터는 "십자가가 복종의 징표인 것처럼 수건은 섬김의 징표이다"라고 했습니다. 오랜 구전에 의하면 예수님의 아버지 요셉이 로마인이 주문하는 십자가를 만드는 전문가였다고 합니다. 만일 그 구전이 사실이라면 예수님도 십자가 전문가였을 것입니다. 왜냐하면 성경에 부모를 순종하여 받드셨다고 쓰여있기 때문입니다. 십자가 전문가인 예수님께서는 우리 모두에게 가장 맞는 십자가를 만들어 주시며 이것을 지고 따라오라고 하십니다. 십자가는 특별한 고난이나 박해가 아닙니다. 우리가 이 세상에서 예수를 믿는 그 자체가 십자가를 지는 일입니다. 나에게 알맞은 십자가를 만들어주시고, 그 십자가를 지고 따르라고 하신 예수님은 친히 십자가를 지심으로 모범을 보이셨습니다. 십자가를 지고 가신 예수님을 묵상하는 사순절의 하루가 되기를 축복합니다.

오늘의 기도

주님 앞에서 내가 아무 것도 아닌 것을 고백하며 내 자신을 부인하고 나의 십자가를 지고 주님을 따르게 하소서.

27 DAY

나는 생명의 떡이다

오늘의 성경 구절/ 요 6:26-35

26 예수께서 대답하여 이르시되 내가 진실로 진실로 너희에게 이르노니 너희가
나를 찾는 것은 표적을 본 까닭이 아니요 떡을 먹고 배부른 까닭이로다
27 썩을 양식을 위하여 일하지 말고 영생하도록 있는 양식을 위하여 하라 이 양
식은 인자가 너희에게 주리니 인자는 아버지 하나님께서 인치신 자니라
28 그들이 묻되 우리가 어떻게 하여야 하나님의 일을 하오리이까
29 예수께서 대답하여 이르시되 하나님께서 보내신 이를 믿는 것이 하나님의 일
이니라 하시니
30 그들이 묻되 그러면 우리가 보고 당신을 믿도록 행하시는 표적이 무엇이니이
까, 하시는 일이 무엇이니이까
31 기록된 바 하늘에서 그들에게 떡을 주어 먹게 하였다 함과 같이 우리 조상들
은 광야에서 만나를 먹었나이다
32 예수께서 이르시되 내가 진실로 진실로 너희에게 이르노니 모세가 너희에게
하늘로부터 떡을 준 것이 아니라 내 아버지께서 너희에게 하늘로부터 참 떡을
주시나니
33 하나님의 떡은 하늘에서 내려 세상에 생명을 주는 것이니라
34 그들이 이르되 주여 이 떡을 항상 우리에게 주소서
35 예수께서 이르시되 나는 생명의 떡이니 내게 오는 자는 결코 주리지 아니할
터이요 나를 믿는 자는 영원히 목마르지 아니하리라

요한복음은 예수님이 어떤 분이신가를 영적으로 설명합니다. 특히 요한복음은 "나는…이다"라는 예수님의 자기 증명의 말씀을 일곱 번 기록하고 있습니다. 이 말씀은 예수님께서

하나님이심을 증명하는 말씀입니다.

예수님이 하나님으로서의 첫째 자기 증명은 “나는 생명의 떡이다”입니다. 떡은 당시 팔레스타인 사람들에게는 아주 절실한 생존 문제였습니다. 앞서 말했듯이 예수님께서 태어나신 베들레헴은 ‘떡집’이란 뜻으로, 예수님은 ‘떡집’에서 태어나셔서 생명의 떡이 되셨습니다. 먹는 문제는 예수님이 주기도문을 가르쳐 주실 때 “오늘날 우리에게 일용할 양식을 주옵시고”라고 기도하라고 하실 만큼 중요한 문제였습니다. 당시인들은 대부분 가난한 사람들이었고, 하루에 겨우 먹고 사는 하루살이의 삶을 살았습니다. 그러므로 예수님께서 생명의 떡이라고 하신 말씀에 그들의 눈이 번쩍 떠졌을 것입니다.

식량문제는 어느 시대나 해결하기 힘든 것으로 인구문제와 항상 함께 합니다. 인구의 증가에 따라 식량문제는 실존의 문제로 등장하는 것입니다. 인구론자들은 식량문제를 해결하는 방법으로 ‘3M 방법’을 얘기합니다. 첫째는 맬서스(Malthus)의 인구론 방법입니다. 이는 인구 증가에 따라 식량을 증산하면 된다는 것입니다. 그러나 기하급수적으로 증가하는 인구에 비하여 산술급수적으로 증산하는 식량은 따라갈 수 없습니다. 둘째는 마르크스(Marx)의 공산주의 이론입니다. 모든 사람이 평등하게 나누면 모두가 먹을 수 있다고 하지만 인간 세계에서는 가능하지 않고, 오히려 공산국가에서 더 심각한 불평등이 발생했습니다. 셋째는 하나님의 사랑으로 해결하는 (Mission) 방법입니다. 이 방법은 예수님께서 “우리에게 일용할 양식을 주소서”라는 말과 일치합니다. 인구론자들은 전 인류가 서로 균등하게 나누기만 하면 지구에서 생산되는 양식으로 120억 명이 먹기에 충분하다고 합니다.

예수님께서는 “나는 생명의 떡이다”라고 하십니다. 예수님께서는 육신을 살리고 살찌우기 위한 떡이 아니고 영혼을 살리기 위한 떡이라고 하십니다. 예수님께 오는 자는 결코 주리지 아니하고 영원히 목마르지 아니할 것이라고 하셨습니다. 세상의 떡을 먹고 물을 마시면 얼마 후가 되면 다시 주리고 목마르게 됩니다. 그러나 예수님은 생명의 떡이 되시므로 주리지 않습니다. 인간은 영혼이 주리지 않고 만족해야 육체도 주리지 않고 만족하게 됩니다. 예수님께서 “그러므로 염려하여 이르기를 무엇을 먹을까 무엇을 마실까 무엇을 입을까 하지 말라”고 하셨습니다. 예수님께서는 왜 염려하지 말라고 하십니까? 공중에 나는 새를 먹이시듯이 먹이시겠다는 약속입니다. 예수님을 생명의 떡으로 믿는 사람들은 이 염려에서 해방됩니다. 유대인들은 하늘에서 내려온 떡을 익히 알고 있었습니다. 그들의 조상들이 하늘에서 내려온 떡인 만나를 40년 동안 배부르게 먹었기 때문입니다. 하늘에서 내려온 만나를 먹은 조상들은 다 죽었으나 하늘에서 내려온 생명의 떡인 예수님의 말씀을 먹는 사람은 영원히 삽니다.

사람들은 떡과 물고기를 먹고 배가 불렀지만 또 육신의 떡을 기대하였습니다. 예수님께서 "나는 생명의 떡이다"라고 하셨을 때에 육신의 떡을 기대했던 사람들은 뿔뿔이 흩어졌습니다. 예수님께서 "너희가 나를 찾는 것은 표적을 본 까닭이 아니요 먹고 배부른 까닭이로다"라고 하십니다. 예수님의 표적 속에 나타난 생명을 알지 못하고 육신적인 배부름만 보고 떠난 것입니다. 예수님께서 제자들에게 "너희도 가려느냐?"라고 물으셨을 때에 베드로는 "영생의 말씀이 주께 있사오니 우리가 누구에게로 가오리이까"라고 하였습니다. 베드로는 생명의 떡이 영생의 말씀인 것을 알고 있었습니다. 생명을 주시려고 오셔서 고난당하신 예수님, 고난을 통하여 영원한 생명을 주신 주님을 묵상하며, 영생의 말씀을 붙들고 사순절을 사는 그리스도인이 되시기를 축복합니다.

오늘의 기도

세상의 떡에 욕심을 부리지 않고, 생명의 떡이신 주님을 믿으며 세상에서 주리지 않는 삶을 살게 하소서.

DAY 28

나는 세상의 빛이다

오늘의 성경 구절/ 요 8:12-20

12 예수께서 또 말씀하여 이르시되 나는 세상의 빛이니 나를 따르는 자는 어둠에
다니지 아니하고 생명의 빛을 얻으리라
13 바리새인들이 이르되 네가 너를 위하여 증언하니 네 증언은 참되지 아니하도다
14 예수께서 대답하여 이르시되 내가 나를 위하여 증언하여도 내 증언이 참되니
나는 내가 어디서 오며 어디로 가는 것을 알거니와 너희는 내가 어디서 오며
어디로 가는 것을 알지 못하느니라
15 너희는 육체를 따라 판단하나 나는 아무도 판단하지 아니하노라
16 만일 내가 판단하여도 내 판단이 참되니 이는 내가 혼자 있는 것이 아니요 나
를 보내신 이가 나와 함께 계심이라
17 너희 율법에도 두 사람의 증언이 참되다 기록되었으니
18 내가 나를 위하여 증언하는 자가 되고 나를 보내신 아버지도 나를 위하여 증
언하시느니라
19 이에 그들이 묻되 네 아버지가 어디 있느냐 예수께서 대답하시되 너희는 나를
알지 못하고 내 아버지도 알지 못하는도다 나를 알았더라면 내 아버지도 알았
으리라
20 이 말씀은 성전에서 가르치실 때에 헌금함 앞에서 하셨으나 잡는 사람이 없으
니 이는 그의 때가 아직 이르지 아니하였음이러라

빛은 하나님께서 천지를 창조하실 때 첫째 날에 만드신 최초의 피조물입니다. 성경은 빛이 있기 이전의 상태를 “땅이 혼돈하고 공허하며 흑암이 깊음 위에 있고 하나님의 신은 수

면에 운행하시니라"(창 1:2)고 합니다. 빛을 만드시므로 혼돈과 공허와 흑암이 물러간 것입니다. 빛은 모든 창조의 근원으로 창조의 근거입니다. 빛이 없으면 다른 모든 것이 존재하지 못합니다. 그래서 빛은 하루에 만드셨지만 다른 날에 만드신 수천수만 가지보다 더 중요합니다. 빛이 없이는 다른 모든 것이 존재하지 못하기 때문에 하나님은 제일 먼저 빛을 만드셨습니다.

지구는 태양계의 한 위성입니다. 태양계에는 지구 외에도 많은 위성들이 있지만 태양만이 빛을 내는 발광체입니다. 태양이 없다면 태양계는 흑암에 잠길 것이며, 그 안의 모든 것은 존재할 수 없을 것입니다. 태양계에서 태양만이 스스로 빛을 발하고, 모든 천체는 그 빛을 받아 존재하고 있습니다.

예수님은 세상의 빛과 같은 존재가 아니라 빛입니다. 예수님은 빛 그 자체로 모든 것의 근거가 되십니다. 빛은 모든 것을 존재하게 합니다. 빛이 없으면 동물이든 식물이든 모든 생물이 살지 못합니다. 그리고 빛이 있으면 어두움이 물러가고 감추어졌던 모든 것이 드러나게 됩니다. 신약성경에 빛(포스)이란 단어가 72회 나타나는데 그 가운데 약 절반이 요한복음에 기록되어 있습니다. 그래서 학자들은 요한복음을 빛의 복음이라고 부르기도 합니다.

예수님께서 "나는 세상의 빛이니"라고 하신 것은 어두운 세상을 밝히려고 오셨다는 말씀입니다. 예수님께서는 이 말씀을 간음 현장에서 잡힌 여인을 율법적으로 정죄하고 돌로 치려던 사람들이 물러간 다음에 하셨습니다. 간음 현장에서 잡힌 여인이 어두움의 사람입니까? 아니면 자신들의 죄를 감추어두고 여인을 돌로 치려던 바리새인들이 어두움의 사람입니까? 율법만을 잣대로 삼아 다른 이를 정죄하고 죽이려던 사람들이 어두움의 사람이었습니다. 예수님께서 "죄 없는 자가 먼저 돌로 치라"고 하셨을 때 한 사람씩 한 사람씩 다 물러갔습니다. 예수님의 말씀 한 마디에 어두움이 물러간 것입니다. 요한복음 1장 9절에는 "참 빛 곧 세상에 와서 각 사람에게 비추는 빛이 있었으니"라고 합니다. 예수님은 세상의 어두움을 몰아내기 위하여 세상에 오신 빛이십니다. 그리고 1장 10절에는 "세상은 그로 말미암아 지은바 되었다"고 합니다. 예수님이 창조자이시며, 그 빛 때문에 모든 것이 지어졌다는 말입니다. 빛이 없으면 창조도 없습니다.

빛이신 예수님은 "나를 따르는 자는 어두움에 다니지 아니하고"라고 하십니다. 빛과 함께 하면 어두움에 다닐 이유가 없습니다. 흑암은 창조 전에 존재하던 것입니다. 창조 이후에는 빛이 사라진 적이 없습니다. 밤이 되면 해가 졌다고 하지만 해가 없어진 것이 아닙니다. 지구 반대편에 있는 사람들에게는 해가 비치고 있습니다. 하나님은 지지 않는 태양입니다.

홀만 훈트의 '세상의 빛'이란 그림이 있습니다. 문 앞에서 등불을 들고 계시는 예수님의 모습을 그린 그림입니다. 예수님께서 왜 등불을 들고 계십니까? 왜 문 앞에 서 계십니까? 예수님께서는 어두움에 있는 사람들, 잃어버린 사람들을 끊임없이 찾고 계십니다. 예수님께서 왜 찾으십니까? 어두움을 몰아내고, 빛을 주시기 위해서입니다.

예수님께서 십자가에서 운명하실 때 제6시부터 제9시까지 온 땅이 어두워졌습니다(마 27:45). 빛이신 예수님께서 돌아가시니 온 세상이 어두워진 것입니다. 예수님의 부활은 세상에 다시 빛을 비춰주신 사건입니다. 예수님이 우리 가운데 계시지 않으면 어둠에 살게 됩니다. 예수님이 계셔야 빛 가운데 걸어가게 됩니다. 생명의 빛이신 예수님을 깊이 묵상하는 사순절의 하루가 되시기를 축복합니다.

오늘의 기도

세상에 빛으로 오신 예수님과 함께 어두움에 다니지 아니하고 세상의 빛된 삶을 살게 하소서.

DAY 29

나는 양의 문이다

오늘의 성경 구절/ 요 10:7-10

7 그러므로 예수께서 다시 이르시되 내가 진실로 진실로 너희에게 말하노니 나
는 양의 문이라
8 나보다 먼저 온 자는 다 절도요 강도니 양들이 듣지 아니하였느니라
9 내가 문이니 누구든지 나로 말미암아 들어가면 구원을 받고 또는 들어가며 나
오며 꼴을 얻으리라
10 도둑이 오는 것은 도둑질하고 죽이고 멸망시키려는 것뿐이요 내가 온 것은 양
으로 생명을 얻게 하고 더 풍성히 얻게 하려는 것이라

예수님께서는 하나님으로서의 자기 증거로 "나는 양의 문이다"라고 하셨습니다. 예수님께서 문이 되셔서 그 문을 통하여 들어가면 구원을 얻고, 들어가며 나오며 꼴을 얻는다고 하셨습니다. 목장의 하루는 목자와 양의 관계에서 시작됩니다. 목자는 양을 부르고 양은 목자의 음성을 듣고 신뢰하며 따릅니다. 목자와 양의 관계는 그리스도와 성도의 신앙생활을 상징하며 교회 생활을 비유적으로 설명해 줍니다. 성도가 그리스도 안에 있으면 참된 안전을 느끼고, 참된 자유를 누리며,

참된 꼴을 얻습니다.

예수님은 양을 위한 문입니다. 양이 아니면 들어가지 못하는 문입니다. 양이 아니면 환영도 하지 않을 뿐만 아니라 아예 들어가기를 거절하는 문입니다. 양은 문으로 들어가지만 이리는 아무데로나 들어갑니다. 양은 구원받은 자를 상징하며, 양의 문은 예수님께 구원을 얻는 문을 뜻합니다. 예수님을 통하여 들어가면 구원을 얻습니다. 예수님을 통하여 들어가지 않고 다른 문으로 가거나, 문을 비껴가거나, 문을 넘어가면 구원받지 못합니다.

이스라엘 백성들의 광야 생활은 교회 생활의 상징입니다. 스데반의 설교에는 '광야교회'라는 말이 있습니다. 광야는 교회입니다. 광야에서 하나님은 모세를 통하여 성막을 건축하게 하셨습니다. 이스라엘 백성들은 애굽에서 노예 생활을 하다가 도망치듯 광야로 나왔습니다. 그들은 변변한 건축 재료도 없었지만 최선의 공을 드려 하나님의 집인 성막을 완성하였습니다. 성막은 이스라엘 백성들의 수에 비해볼 때 아주 작은 규모로 길이가 100규빗, 너비가 50규빗이었습니다. 요즘으로 말하면 길이가 50m이고, 너비가 25m입니다. 그 성막에는 동쪽에 문이 하나밖에 없습니다. 동쪽이란 해가 뜨는 쪽이므로 생명의 자리이며, 서쪽은 해가 지는 쪽이므로 죽음의 자리입니다. 그래서 성막의 문은 동쪽에 위치합니다. 문의 너비는 20규빗으로 상당히 큽니다. 성막에는 문이 하나밖에 없지만 넓습니다. 성막은 그리스도의 모형이며 상징으로 천국으로 들어가는 생명의 문이 하나밖에 없음을 의미합니다. 그리스도 외에 천국으로 들어갈 수 있는 문이 없는 것입니다. 문은 하나밖에 없지만 누구나 다 들어갈 수 있을 만큼 크게 열려 있습니다.

노아의 방주가 말해 주듯이 문이 열려 있는 동안 안으로 들어와야 합니다. 예수님의 종말 비유 가운데 '열 처녀의 비유'를 보세요. 기름을 준비하지 않고 있다가 뒤늦게 기름을 사러 간 사이에 문이 닫혔고, 닫힌 다음에 열어달라고 두드려도 열리지 않습니다. 문이 닫힌 다음에 들려오는 예수님의 소리는 "내가 너희를 알지 못하노라"는 것이었습니다. 예수님은 양의 문입니다. 양은 그 문으로 들어올 수 있습니다. 양은 그 문으로 들어가며 나오며 꼴을 얻습니다. 그 문이 닫히기 전에 들어와야 합니다.

오래전 미국 펜실베이니아 랭카스터 카운티에 있는 아미쉬 마을을 방문한 적이 있습니다. 그 마을에는 '밀레니엄 시어터'라는 훌륭한 극장이 있는데 성경 뮤지컬을 일 년 내내 공연합니다. 제가 갔을 때는 뮤지컬 '노아'가 공연 중이었는데 지금도 머릿속에서 잊혀지지 않습니다. 방주가 완성되어 동물들이 다 방주로 들어가는데 한참 후에 아무 것도 보이지 않던 무대에 느릿느릿 거북이가 나타났습니다. 거북이가 방주에 들어가자 그 문이 서서히 닫혔습니다. 방주의 문은 노아가 아니라 하나님이 직접 닫으셨습니다(창 7:16). 사람이 닫았더라면 거북이를 태우지 못하고 닫았을 것입니다. 하나님은 더디 오는 한 사람까지 놓치지 않으시고 모든 사람이 다 천국에 들어갈 수 있도록 문을 직접 닫으시는 것입니다.

예수님은 양의 문이십니다. 문을 활짝 열어 놓으시고 양인 우리가 들어와서 풍성한 꼴을 먹기를 기다리십니다. 예수님께서는 우리들을 구원받게 하시려고 친히 문이 되셔서 우리를 받아주십니다. 예수님 외에 천국으로 들어갈 수 있는 문은 없습니다. 문이신 주님을 묵상하며 예수님 안에 들어가 그 품에서 꼴을 얻고 사는 사순절의 하루가 되시기를 축복합니다.

오늘의 기도

양의 문이신 주님 안에 들어가 꼴을 얻고 평안을 얻는 주님의 양으로 살게 하소서.

DAY 30

나는 양의 선한 목자이다

오늘의 성경 구절/ 요 10:11-15

11 나는 선한 목자라 선한 목자는 양들을 위하여 목숨을 버리거니와
12 삯꾼은 목자가 아니요 양도 제 양이 아니라 이리가 오는 것을 보면 양을 버리
고 달아나나니 이리가 양을 물어 가고 또 헤치느니라
13 달아나는 것은 그가 삯꾼인 까닭에 양을 돌보지 아니함이나
14 나는 선한 목자라 나는 내 양을 알고 양도 나를 아는 것이
15 아버지께서 나를 아시고 내가 아버지를 아는 것 같으니 나는 양을 위하여 목
숨을 버리노라

목자는 성경에서 가장 친숙한 직업입니다. 성경의 인물들인 아브라함, 이삭, 야곱, 모세, 다윗 등이 목자였습니다. 목축은 성경 시대에 흔한 직종이었고, 목자는 팔레스타인의 보편적 직업이었습니다. 유대인의 전승에는 하나님께서 모세를 선택하여 애굽에 보내실 때 양을 치는 모세를 유심히 보셨다고 합니다. 모세는 장인의 양떼를 자신의 양처럼 잘 보살폈습니다. 이 모습을 보신 하나님께서 주님의 양인 이스라엘 백성도 잘 살피겠다고 하여 모세를 보내셨다고 합니다. 하나님께

서는 이스라엘 백성들을 구하기 위해 애굽의 왕자가 아니라 미디안의 목자인 모세를 보내신 것입니다.

구약에서는 하나님과 이스라엘 백성의 관계를 목자와 양 떼로 비유합니다. 하나님은 목자이며 백성들은 양이라고 합니다. 신약에서 목자는 예수님의 전형으로 제시하고 있습니다. 예수님은 목자이시며, 목자로 오신 예수님 탄생의 첫 목격자도 목자였습니다. 예수님께서 부활하신 다음에 베드로에게 "내 양을 치라"고 하신 것은 "내 양의 목자가 되라"는 말씀입니다. 예수님께서는 하나님으로 자기를 증명하시며 "나는 선한 목자이다"라고 하셨습니다. 성경은 하나님을 목자라고 합니다. 우리가 잘 아는 시편의 말씀처럼 "여호와는 나의 목자"이십니다. 그런데 예수님은 "내가 선한 목자이다"라고 하십니다. 이 말씀은 예수님의 자기 증명입니다. "하나님이 목자이고 내가 목자이므로 나는 하나님이다"라는 말입니다.

예수님의 말씀에는 선한 목자와 삯꾼을 대비하고 있습니다. '선하다'는 것은 하나님의 성품을 의미합니다. 이사야의 예언을 보면 예수님은 외형적 아름다움은 없다고 했습니다. 그런데 예수님은 내면이 아름답고 선하십니다. 반면에 삯군은 아예 목자가 아니며 이리가 나타나면 양을 버리고 도망갑니다.

시편 23편은 그리스도인들에게 가장 사랑받는 시편입니

다. 다윗은 목자이신 하나님께서 자신에게 어떤 분이신가를 시로 고백합니다. 다윗의 목자이신 하나님은 다윗을 푸른 초장에 눕게 하시고, 잔잔한 물가로 인도하시고, 의의 길로 인도하시고, 목자의 지팡이와 막대기로 안위하십니다. 하나님은 다윗의 목자이실 뿐만 아니라 우리의 목자이십니다. 양인 우리가 목자이신 하나님께 이것보다 더 바랄 것이 무엇이 있겠습니까? 목자에게 가장 중요한 일은 양을 좋은 곳으로 인도하고, 못된 짐승으로부터 지키고, 좋은 꼴을 먹이는 것입니다. 그런데 선한 목자는 이보다 더 중요한 일을 합니다. 양을 아는 것입니다.

오래전 웨일즈의 시골을 지나게 되었습니다. 젊은 목자가 백여 마리나 되는 양을 초장으로 인도하고 있었습니다. 제가 그 목자에게 물어보았습니다. "이 많은 양을 각각 다 알고 있습니까?" 그 목자의 대답은 놀라웠습니다. 그는 양을 각각 다 알고 있고, 양들의 습관과 건강 상태도 모두 알고 있다고 하였습니다. 양마다 생긴 것이나 습관이 다르지만 목자는 각 양의 특성을 잘 알고 있습니다. 목자이신 하나님께서는 모세를 얼마나 잘 알고 계셨는지 모세에게 "내가 이름으로도 너를 앎이니라"고 하셨습니다.

목자이신 하나님께서는 나를 매우 잘 알고 계십니다. 나에게서 눈을 돌리지 않고 보고 계시며, 나의 앉고 일어섬도 아시며, 나의 길과 눕는 것도 아시고, 나의 모든 행위를 아시며, 내가 하는 말도 다 알고 계십니다. 하나님께서 나를 아시는 것은 지식적 앎이 아니라 관계적 앎입니다. 예수님은 "선한 목자는 양들을 위하여 목숨을 버리거니와"라고 하셨습니다. '버리다'(티데미)라는 헬라어의 뜻은 세금을 내듯이 지불한다는 뜻입니다. 예수님께서는 인류의 죗값을 다 지불하시고 우리를 구원하셨습니다. 목자이신 예수님은 목숨을 빼앗긴 것이 아니라 양인 우리를 위하여 스스로 버리셨습니다(요 10:18).

이사야가 말한 대로 "우리는 다 양 같아서 그릇 행하여 각기 제 길로"(사 53:6) 갑니다. 우리는 하나님께서 정하신 생명의 길을 가지 못하고 뿔뿔이 죄의 길로 가는 습성을 가지고 있습니다. 이런 못된 습관을 고치시려고 예수님께서 목자로 오셔서 고난을 당하시고 목숨을 버리셨습니다. 우리를 위하여 목숨을 버리신 선한 목자 예수님을 묵상하는 사순절이 되시기를 축복합니다.

오늘의 기도

양 같아서 제 길로 가는 나를 위하여 선한 목자가 되어주신 주님께 감사드리며 목자이신 예수님을 잘 따르게 하소서.

Day 31-40

예수는 [새 생명] 이시다

네 번째 10일

31 DAY

나는 부활이요 생명이다

오늘의 성경 구절/ 요 11:24-27

24 마르다가 이르되 마지막 날 부활 때에는 다시 살아날 줄을 내가 아나이다
25 예수께서 이르시되 나는 부활이요 생명이니 나를 믿는 자는 죽어도 살겠고
26 무릇 살아서 나를 믿는 자는 영원히 죽지 아니하리니 이것을 네가 믿느냐
27 이르되 주여 그러하외다 주는 그리스도시요 세상에 오시는 하나님의 아들이
신 줄 내가 믿나이다

성경에 기록된 예수님의 35가지 기적 가운데 요한복음은 선별된 7가지 기적을 기록하고 있습니다. 그 가운데 마지막 기적이 죽은 나사로를 살리신 것입니다. 야이로의 딸은 예수님께서 죽은 지 얼마 되지 않아 살리셨고, 나인성 과부의 아들은 죽어서 장사 지내는 도중에 살리셨습니다. 그런데 나사로는 죽은 지 나흘이 되어, 썩어 냄새가 나는데도 다시 살리셨으므로 가장 큰 기적이라고 할 수 있습니다. 나사로를 살리신 것은 요한복음뿐만 아니라 복음서 전체에서 나타나는 최대의 기적입니다. 그리고 시간적으로 최후의 기적입니다. 예

수님은 죽음의 위협 속에서도 나사로가 병이 들었다는 말에 유대로 가자고 하셨습니다. 이 말씀에서 나사로와 그 가족에 대한 예수님의 깊은 사랑을 엿볼 수 있습니다. 예수님께서 베다니 마을에 도착하였을 때 마을 입구까지 나온 마르다가 예수님께 “주님이 계셨더라면 내 오라비가 죽지 않았을 것입니다”라고 하였고, 예수님은 “나는 부활이요 생명이니 나를 믿는 자는 죽어도 살겠고 살아서 믿는 자는 영원히 죽지 아니하리라”고 답하셨습니다. 예수님은 부활이요 생명임을 밝히시며 나사로가 살 것을 예고하셨습니다.

예수님은 하나님으로서 자기 증명을 “나는 부활이요 생명이다”라고 하십니다. 부활이란 죽음을 전제로 하는 말입니다. 생명은 죽음에 반대되는 말입니다. 부활과 생명은 죽음과 대치되는 말입니다. 예수님께서 부활이요 생명이라는 말은 예수님께는 죽음이 없다는 것을 의미합니다. 부활은 곧 생명입니다. 부활은 다시 살아 생명을 공급받는 것입니다. 생명이 없는 부활은 있을 수 없습니다. 부활은 영원한 생명을 공급받는 것입니다. 예수님은 생명의 부활이지만 나사로를 부활시키신 것은 아닙니다. 나사로가 다시 살아남으로 우리가 마지막 날에 영원히 죽지 않는 부활을 맞을 것을 보여주신 것입니다.

나사로를 보세요. 그 지긋지긋한 죽음을 두 번이나 경험했습니다. 죽었다가 살아나지 않는 것보다 나을 것이 없습니다. 그러므로 기적은 단순히 '다시 살아났다'는 현상 그 자체가 목적이 아닙니다. 불가타 성경을 번역한 제롬(히에로니무스)이 전하는 이야기가 있습니다. 나사로가 무덤에서 나오자마자 예수님께 "주님, 나 또 죽습니까?"라고 물었습니다. "그래, 또 죽는다." 이 말을 듣고 나사로는 일생을 고울 지방에 가서 전도에 헌신하며 살았습니다. 그는 두 번째 죽을 때까지 다시 웃지 않았다고 합니다. 왜일까요? 죽음이 얼마나 괴로운 것인지를 아는데 또 죽을 것이기 때문입니다. 죽음의 고통을 이미 경험한 나사로가 얼마나 괴로웠겠습니까? 영원히 죽지 않고 사는 것이 아니라면 다시 살아남은 불운한 것입니다. 이런 살림은 살리는 일 아니라 두 번 죽이는 일입니다.

부활은 죽어도 다시 영원히 사는 것입니다. 예수님께서 "나사로야 나오라"라고 했을 때 죽은 나사로도 예수님의 말씀을 들었습니다. 생명이신 예수님은 죽음도 지배하신다는 뜻입니다. 나사로는 이미 죽어서 나흘이 되었고 썩어서 냄새가 났지만 주님의 부르심에 응답하고 무덤에서 나왔습니다. 예수님은 죽었다가 사흘 만에 부활하셨습니다. 나사로는 죽어서 나흘이 되어 썩어서 냄새가 났습니다. 예수님의 부활은 완벽하게 다시 사신 것이고, 우리 부활의 첫 열매이십니다.

어떤 이는 예수님께서 무덤 앞에서 "나사로야 나오라"라고 하셔서 나사로만 무덤에서 살아 나오게 하셨다고 합니다. 만일 예수님께서 그냥 "나오라"고 했으면 무덤에 있던 모든 죽은 자들이 다 나왔을 것입니다. 예수님은 모든 사람을 부활하게 하시지만 동시에 극히 개인적인 사건으로서 한 사람, 한 사람을 다시 살리십니다.

죽음은 누구에게나 고통이며 겪어야 할 과제입니다. 죽음은 태초에 인간이 범한 죄의 결과입니다. 죄는 인간으로 하여금 하나님 보기를 두려워하게 만들었고, 그 죄의 결과인 죽음은 이제 누구도 피할 수 없는 두려움이 되었습니다. 그러나 예수님은 부활이요 생명이 되셔서 죄의 결과인 죽음을 넘어 영원한 생명을 가지게 하십니다. 이 영원한 생명을 주시려고 주님은 고난을 당하시고 죽으시고 다시 부활하셨습니다. 예수님의 부활이 우리 부활의 첫 열매임을 기억하며 고난 속에서 그 영광을 묵상하는 사순절이 되시기를 축복합니다.

오늘의 기도

우리에게 부활과 영원한 생명을 주시려고 이 땅에 오셔서 친히 죽으시고 부활하신 주님을 묵상하며 부활의 신앙, 영원한 생명의 신앙을 가지게 하소서.

DAY 32

나는 길이요 진리요 생명이다

오늘의 성경 구절/ 요 14:1-6

1 너희는 마음에 근심하지 말라 하나님을 믿으니 또 나를 믿으라
2 내 아버지 집에 거할 곳이 많도다 그렇지 않으면 너희에게 일렀으리라 내가 너희를 위하여 거처를 예비하러 가노니
3 가서 너희를 위하여 거처를 예비하면 내가 다시 와서 너희를 내게로 영접하여 나 있는 곳에 너희도 있게 하리라
4 내가 어디로 가는지 그 길을 너희가 아느니라
5 도마가 이르되 주여 주께서 어디로 가시는지 우리가 알지 못하거늘 그 길을 어찌 알겠사옵나이까
6 예수께서 이르시되 내가 곧 길이요 진리요 생명이니 나로 말미암지 않고는 아버지께로 올 자가 없느니라

'다락방 강화'는 요한복음 14장에서 17장까지의 말씀으로 마태복음 5장에서 7장까지의 '산상보훈'과 대조됩니다. 각 3장으로 구성된 말씀은 여러모로 차이가 있습니다. 산상보훈은 예수님의 공생애 초기에 일반 무리들을 대상으로 북방 갈릴리에서 주신 말씀입니다. 반면에 다락방 강화는 공생애 말기에 남방 유다에서 제자들에게 주신 말씀입니다. 다락

방 강화는 이제 곧 죽으시고 홀연히 승천하실 예수님께서 스승이 없는 세상에 남겨질 제자들을 향한 안타까움과 조바심을 표현하고 있습니다.

예수님께서 제자들에게 "내가 가는 곳에 그 길을 너희가 알리라"고 하였을 때 도마가 "주여 어디로 가시는지 우리가 알지 못하거늘 그 길을 어찌 알겠삽나이까"라고 합니다. 도마는 예수님이 가실 목적지도, 그 길도 알지 못한다고 하였습니다. 그 때 예수님은 "내가 곧 길이요, 진리요, 생명이다"라고 하셨습니다. 예수님께서는 당신이 목적지로 인도하는 길이 되심을 증거하셨습니다. 이 말씀은 하나님으로서 예수님의 자기 증거입니다. 예수님은 유일한 길입니다. "내가 곧 길이다"라고 하신 말씀은 도로 표지판이 아니라 도로 그 자체라는 말씀입니다. 예수님은 많은 길 가운데 하나가 아니라 유일한 길입니다. 예수님 외에 다른 길이 없음을 단호히 선포하신 것입니다. 예수님만이 유일한 길인데 사람들은 길이 없는 곳을 즐기기도 합니다. 어떤 사람들은 '오프로드'라고 하여 길이 없는 곳에 자동차나 오토바이, 또는 자전거를 타고 가는 것을 즐깁니다. 실제로 길이 없는 곳이 즐거울 수도 있지만 동시에 언제나 위험요소를 내포하고 있습니다. 길은 안전하고 목적지가 분명해야 합니다. 요한복음은 "태초에 말씀이 계시니라"라고 시작합니다. 말씀이란 헬라어로 '로고스'인데 이는 원리를 뜻합니다. 오래 전 한글성경에는 도(道)로 번역하여 "태초에 도가 있으니라"라고 하였습니다. 태초에 길이 있었다는 것입니다. 하나님께서 천지를 창조하시기 전 세계는 혼돈하고, 공허하고, 어두웠지만 그 가운데 길은 이미 있었습니다. 바로 길이신 예수님이십니다.

세례요한은 길을 예비하고, 평탄케 하기 위하여 온 구약의 마지막 선지자입니다. 그는 길을 예비하러 온 자이지 길이 아닙니다. 길을 예비한다는 것은 예수님을 맞을 준비를 한다는 뜻입니다. 예수님께서 길이기 때문입니다. 예수님 외에는 길이 아닙니다. 우리가 하나님의 나라로 가는 길은 예수님밖에 없습니다. 하나님의 나라로 가는 길이 얼마든지 많이 있다는 말은 진실이 아닙니다. 이 말은 일반적인 통념에 불과할 뿐, 성경이 증언하는 참된 메시아관과는 전혀 거리가 멉니다. 종교다원주의는 산의 정상이 하나이지만 정상으로 가는 길은 얼마든지 많이 있다고 주장합니다. 하나님은 한분이지만 그리스도는 많이 있다고도 합니다(one God many christs). 석가도, 무함마드도, 공자도 다 그리스도이고, 메시아라고 합니다. 이것은 하나님께로 가는 길을 전혀 알지 못하는 말입니다.

예수님은 "내가 진리이다"라고 하십니다. 길이신 예수님을 따라가면 진리를 만납니다. 진리가 무엇입니까? 언제 어디서나 누구든지 승인할 수 있는 보편타당한 법칙이나 사실을 말합니다. 진리란 동서고금을 막론하고 변하지 않는 것입니다. 세상에 변하지 않는 것이 있을까요? 고대 한 철학자는 "모든 것은 다 변한다. 변하지 않는 것은 모든 것은 다 변한다라고 하는 법칙밖에 없다"고 하였습니다. 성경은 "예수 그리스도는 어제나 오늘이나 영원토록 동일하시니라"(히 13:8)고 하십니다. 예수님께서는 영원토록 변하지 않으시고 동일하시기에 진리이십니다. 빌라도는 진리이신 예수님 앞에서 "진리가 무엇이냐"라고 합니다. 예수님을 알지 못하면 진리도 알지 못합니다.

예수님은 "내가 생명이다"라고 하십니다. 우리는 길을 통하여 진리를 알고, 진리를 따를 때 생명을 얻습니다. 예수님을 통하여 생명을 얻는 것은 예수님께서 생명이시기 때문입니다. 예수님은 생명 그 자체이십니다. 그렇기에 생명을 공급하시고, 치료하시고, 연장하시고, 살리십니다. 예수님은 우리를 구원하시기 위하여 귀한 생명을 스스로 버리셨습니다. 예수님께서 버리신 생명 때문에 우리가 생명을 얻습니다. 예수님의 생명을 묵상하며, 우리가 얻은 생명에 감사하는 사순절의 하루가 되시기를 축복합니다.

오늘의 기도

우리에게 영원한 나라의 길이 되시고, 변하지 않는 진리가 되시며, 생명되신 주님을 묵상하며 그 길을 좇아 영원한 생명의 삶을 살게 하소서.

33
DAY

나는 참 포도나무다

오늘의 성경 구절/ 요 15:1-5

1 나는 참포도나무요 내 아버지는 농부라
2 무릇 내게 붙어 있어 열매를 맺지 아니하는 가지는 아버지께서 그것을 제거해 버리시고 무릇 열매를 맺는 가지는 더 열매를 맺게 하려 하여 그것을 깨끗하게 하시느니라
3 너희는 내가 일러준 말로 이미 깨끗하여졌으니
4 내 안에 거하라 나도 너희 안에 거하리라 가지가 포도나무에 붙어 있지 아니하면 스스로 열매를 맺을 수 없음 같이 너희도 내 안에 있지 아니하면 그러하리라
5 나는 포도나무요 너희는 가지라 그가 내 안에, 내가 그 안에 거하면 사람이 열매를 많이 맺나니 나를 떠나서는 너희가 아무 것도 할 수 없음이라

영성가 토마스 머튼은 "하나님과 연합하도록 사람들을 도울 수 있는 가장 좋은 방법이 무엇입니까?"라는 질문에 "우리가 이미 하나님과 연합되어 있다는 사실을 말해주라는 것이다"라고 대답했습니다. 내가 이미 좋은 나무의 가지가 되었다는 정체성이야말로 참 그리스도인을 만듭니다.

우리와 하나 됨을 포도나무와 가지의 뗄 수 없는 관계로

설명하신 예수님은 "내가 참 포도나무이다"라고 선포하십니다. 나무와 가지는 떨어질 수 없으며, 나무는 가지를 절대로 버리지 않습니다. 나무와 가지는 둘이 되지 않습니다. 이런 확신을 예수님께서 주십니다. 그래서 예수님은 "너희는 가지이다"라고 하십니다. 이 말씀은 "너희가 가지가 될 수 있다", "너희가 가지가 되어라"가 아니라 "너희는 이미 가지이다"라는 의미입니다. 하나님으로서 예수님의 자기 증명은 "내가 참 포도나무이다"라는 것입니다. 예수님은 늘 그렇듯이 가장 가깝고 친숙한 것으로 진리를 설명하십니다.

포도는 성지에서 보리, 올리브와 더불어 가장 친숙한 농작물입니다. 이스라엘 백성들은 어디에서나 포도나무를 볼 수 있으므로 포도나무가 어떤 나무인지, 가지가 무엇인지 매우 잘 알고 있었습니다. 이사야 5장에는 '포도원의 노래'라는 비유로 이스라엘 백성에 대한 하나님의 마음을 설명하고 있습니다. 이 비유에서 포도원은 이스라엘 민족을 가리킵니다. 포도원의 주인은 극상품 포도나무를 심고 좋은 열매를 기다렸는데 들포도가 맺히자 황폐하게 하리라고 하십니다. 이사야는 하나님의 뜻대로 살지 못한 이스라엘 백성에 대한 하나님의 마음을 이렇게 설명하였습니다. 그러나 예수님은 하나님의 뜻대로 살지 못하는 사람들을 저주하거나 불평하지 않으시고 오히려 "나의 가지이다"라고 하십니다. 예수님께서 포도나무로 나와 같은 사람을 가지로 붙여 두고 싶으시겠습니까? 어쩌면 나 같은 사람은 가지로 두는 것이 포도나무에게 욕이 되고 수치가 될지도 모릅니다. 그러나 포도나무이신 예수님은 나를 가지로 인정해 주십니다.

예수님은 "나는 포도나무요 너희는 가지니"라는 아주 짧은 문장에 예수님과 우리의 신비로운 관계를 담아주십니다. 예수님과 우리의 놀라운 연합을 포도나무로 설명합니다. 예수님과 우리를 뗄래야 뗄 수 없는, 서로 필요한 관계로 만들어주십니다. 아무리 좋은 나무라고 하더라도 나무에 가지가 없으면 가치가 없습니다. 아무리 멋있는 가지라고 하더라도 나무가 없이는 생존하지 못합니다. 이런 연합의 상태를 예수님은 짧은 한 마디로 밝혀 주신 것입니다.

참포도나무이신 주님과 가지인 우리가 온전히 연합할 때 비로소 가능한 일이 있습니다. 그것은 바로 풍성한 과실을 맺는 것입니다. 그래서 예수님은 "저가 내 안에 내가 저 안에 있으면 이 사람은 과실을 많이 맺나니"라고 하십니다. 나무와 가지는 서로가 필요한 관계이며 열매를 맺기 위한 필요충족의 조건입니다. 가지가 포도를 맺기 위해서는 포도나무에 붙어 있어야 하고, 나무에 붙어 있으면 포도를 맺게 되어 있습니다. 열매를 맺어야 하는 나무에 열매가 없으면 제거해 버리게 됩니다. 존재해야 할 이유가 없기 때문입니다. 그래서 농

부는 가지치기를 합니다. 열매 맺지 못하는 가지를 베어 버리고 열매 맺는 가지가 더 많은 열매를 맺도록 하는 것입니다.

포도나무이신 예수님은 우리에게 많은 열매를 맺으라고 요구하십니다. 열매를 맺되 좋은 열매를 맺으라고 하십니다. 아름다운 열매를 맺지 아니하는 나무마다 찍혀 불에 던질 것이라고 하십니다. 그리고 우리가 과실을 많이 맺으면 하나님 아버지께서 영광을 받으실 것이라고 말씀하십니다. 우리의 삶의 목적은 하나님의 영광입니다. 포도나무에 붙어 있으면 좋은 열매를 많이 맺게 될 것입니다. 좋은 열매가 많으면 하나님께 영광이 됩니다. 예수님께서는 우리가 많은 열매를 맺도록 친히 포도나무가 되셨습니다. 세상의 악한 존재들은 우리를 예수님으로부터 떼어놓으려고 안간힘을 다 쓰고 있습니다. 인류의 거목이신 예수님은 가지인 우리를 떼어 놓지 않으시려고 악한 존재들로부터 고난을 당하셨습니다. 포도나무이신 예수님께 꼭 붙어 많은 열매를 맺고, 하나님께 영광을 돌리는 사순절의 하루가 되시기를 축복합니다.

오늘의 기도

포도나무인 예수님께 붙어 있는 가지가 되게 하심을 감사드리며, 좋은 포도나무의 가지로 좋고 많은 열매를 많이 맺는 삶이 되게 하소서.

34 DAY

몸과 피를 주신 예수

오늘의 성경 구절/ 눅 22:17-20

17 이에 잔을 받으사 감사 기도 하시고 이르시되 이것을 갖다가 너희끼리 나누라
18 내가 너희에게 이르노니 내가 이제부터 하나님의 나라가 임할 때까지 포도나
무에서 난 것을 다시 마시지 아니하리라 하시고
19 또 떡을 가져 감사 기도 하시고 떼어 그들에게 주시며 이르시되 이것은 너희
를 위하여 주는 내 몸이라 너희가 이를 행하여 나를 기념하라 하시고
20 저녁 먹은 후에 잔도 그와 같이 하여 이르시되 이 잔은 내 피로 세우는 새 언
약이니 곧 너희를 위하여 붓는 것이라

예수님께서 제정하셔서 우리에게 남겨주신 거룩한 예식이 두 가지 있습니다. 성례전이라고 부르는 이 예식은 세례와 성찬입니다. 이 두 가지 예식을 성례라 부르는 것은 예수님께서 직접 제정하시고 행하도록 명하셨기 때문입니다. 예수님께서 세례를 주라고 하셨고, 성만찬을 행하여 기념하라고 하셨습니다. 성례전은 예수님께서 우리에게 주신 약속에 근거하는 것이므로 성경 말씀을 확신할 때만 그 가치가 있으며, 성경을 떠나서는 아무런 의미가 없습니다. 만일 성경 말씀을

떠나고 믿음이 전제되지 않으며, 성령님의 도우심을 의지하지 않는 성례전이 행해진다면, 그것은 미신적인 행위에 지나지 않을 것입니다. 세례가 성도의 신앙생활을 시작하는 예식이라 한다면, 성찬은 성도의 지속적 신앙생활을 의미합니다. 세례는 한 번 받는 것이지만 성찬은 주님께서 재림하실 때까지 계속하는 것입니다. 성찬은 예수 그리스도께서 잡히시던 날 밤에 제자들에게 떡과 포도주를 나누어주시면서 "이것은 너희를 위한 나의 살과 피니 받아먹고 나를 기념하라"고 하신 사실에서 시작하여, 그리스도의 몸인 교회에서 계속 지키라고 하셨습니다. 성찬은 우리의 죄를 위한 그리스도의 죽으심을 기념하는 것으로, 그리스도의 죽으심과 부활에 연합하여 우리의 죽음과 부활을 고백하는 것입니다.

예수님께서는 먼저 떡을 주시며 "이것은 너희를 위하여 주는 내 몸이라"고 하셨습니다. 예수님은 제자들에게 떡을 준다고 하시지 않고 몸을 주신다고 하셨습니다. 예수님께서 주신 것은 몸이었습니다. 예수님께서 떡을 주셨다면 금방 또 배가 고프고 다시 먹어야 했을 것입니다. 예수님께서 몸을 주셨기에 영원히 주리지 않게 된 것입니다. 예수님께서 주신다고 하신 몸은 헬라어로 '소마'입니다. 소마는 인간의 전체적인 육체를 의미하며, 선하거나 중립적일 때 사용합니다. 헬라어로 육체란 뜻의 다른 단어는 '사륵스'입니다. '사륵스'는 항상 인간을 부정적이고 경멸적으로 지칭하는데 사용되었습니다. 요한복음은 예수님 탄생 기사에 "말씀이 육신이 되어"라고 기록합니다. 요한은 육신을 '사륵스'라고 말했습니다. 예수님께서 세상에 오실 때는 우리와 다름이 없는 '사륵스'를 입고 오셨는데 성찬 때에는 '소마'를 주셨습니다. 성찬의 떡을 받는 우리는 예수님의 '사륵스'가 아니라 '소마'를 받는 것입니다. 예수님의 '소마'를 먹는 사람의 '사륵스'는 '소마'로 변화되어야 합니다. 떡을 나누신 후에 예수님은 포도주를 주시며 "이 잔은 내 피로 세우는 새 언약이니 곧 너희를 위하여 붓는 것이라"고 하셨습니다. 떡과 마찬가지로 예수님은 우리에게 포도주를 주신 것이 아니라 피를 주신 것입니다. 예수님께서 피를 주시는 것은 구약에서 피를 드리는 것과는 전혀 다른 새로운 언약입니다. 한 번으로 영원히, 인류의 죄를 위하여 흘리는 피입니다. 짐승의 피로 하나님과의 언약이 이루어지는 것이 아니라, 오직 예수님의 고난과 십자가에서 흘리신 피를 통해 우리를 구원하시는 새로운 언약이 이루어진 것입니다.

예수님과 제자들의 유월절 만찬은 예수님의 희생과 구원의 약속을 믿으며 기념하는 성찬예식의 시초가 되었습니다. 이 만찬은 예수님과 제자들의 식사가 아니라 예수님의 죽으심과 부활을 통하여 우리 모두에게 주신 성례전이 된 것입니다. 예수님께서는 제자들에게 "이를 행하여 나를 기념하라"고 하셨습니다. 예수님의 말씀대로 이 예식은 행해져야 하고, 주님을 기념해야 합니다. 요즘은 초대교회처럼 모일 때마다 성찬을 행하지 못하지만 항상 성찬의 의미를 되새기며 기념하는 믿음의 자세가 필요합니다. 성찬을 통하여 우리는 예수님 안에서 모든 성도가 한 형제자매가 된 것을 경험합니다. 성도는 성찬을 통해 예수님의 한 몸과 한 피를 받은 형제자매가 되며 예수님의 한 혈육이 되는 것입니다.

초대교회는 성찬예식으로 말미암아 많은 순교자를 냈습니다. 이방인들은 성찬을 그릇 이해하여 그리스도를 믿는 사람들끼리만 모이는 파벌주의라고 생각했고, 가족까지도 제외시킨다고 하여 가정 파괴범이라고도 했고, 심지어는 살과 피를 먹는다고 하여 식인종이라고 하여 순교의 빌미를 삼았습니다. 그러므로 우리는 성찬을 대할 때마다 순교의 정신으로 몸과 피를 제공할 것을 다짐하며 참석해야 합니다. 고난주간에는 많은 교회들이 성찬식을 하게 됩니다. 성찬식을 통하여 예수님께서 자신을 버림으로 우리의 구주가 되심에 감사드리고, 우리가 주님 안에서 한 형제자매가 된 것을 마음에 새기는 은혜의 사순절이 되시기를 축복합니다.

오늘의 기도

세례를 통하여 새 사람으로 거듭나며, 성찬을 통하여 예수님의 구원과 성도의 하나 됨을 확인하는 성찬의 삶을 살게 하소서.

35 DAY

나귀를 타시고 입성하신 예수

오늘의 성경 구절/ 눅 19:36-40

36 가실 때에 그들이 자기의 겉옷을 길에 펴더라
37 이미 감람 산 내리막길에 가까이 오시매 제자의 온 무리가 자기들이 본 바 모
든 능한 일로 인하여 기뻐하며 큰 소리로 하나님을 찬양하여
38 이르되 찬송하리로다 주의 이름으로 오시는 왕이여 하늘에는 평화요 가장 높
은 곳에는 영광이로다 하니
39 무리 중 어떤 바리새인들이 말하되 선생이여 당신의 제자들을 책망하소서 하
거늘
40 대답하여 이르시되 내가 너희에게 말하노니 만일 이 사람들이 침묵하면 돌들
이 소리 지르리라 하시니라

오늘은 예수님께서 고난을 향하여 가신 고난주간의 첫 날입니다. 예수님께서 십자가에 죽으시고 부활하신 한 주간은 우리 구원을 위해 중요한 시간들입니다. 주님의 고난은 부활로 이어집니다. 부활이 없다면 고난은 헛것이며, 고난 없는 부활 또한 의미를 잃을 것입니다. 한 주간만이라도 주님의 고난과 함께 금욕과 절제 그리고 묵상으로 함께 하시기를 바랍니다.

예수님의 공생애의 무대는 갈릴리였습니다. 예수님은 화려한 왕궁과 정치적인 무대인 총독의 관저, 그리고 백성들에게 공포감을 주는 산헤드린이 있는 예루살렘이 아니라 소박하고 천민들이 사는 갈릴리를 좋아하셨습니다. 예수님의 제자들도 대부분 갈릴리 사람들이었고 귀족이나 고관이 아닌 아주 평범한 보통사람들이었습니다. 예수님 공생애의 마지막은 예루살렘에서 이루어졌습니다. 예수님께서는 왜 예루살렘에 들어가셨을까요? 예수님은 주님을 고소하려고 눈을 부릅뜨고 귀를 세우고 있는 사람들이 우글거리는 예루살렘으로 들어가셨습니다. 마치 제 발로 호랑이굴로 들어가듯 예수님은 예루살렘으로 올라가셔서 마지막 한 주간을 보내시고, 그곳에서 처형을 당하셨습니다. 예수님은 사람들에게 고소를 당하시고, 잡히시고, 재판을 받으시고, 십자가에 못 박히시고 죽으신 것이 아니라, 스스로 그 모든 일을 당하신 것입니다. 그래서 예수님께서는 이미 목숨을 "빼앗는 자가 있는 것이 아니라 내가 스스로 버리노라 나는 버릴 권세도 있고 다시 얻을 권세도 있다"고 하셨습니다.

예수님께서 왕으로 예루살렘으로 입성하시는 모습은 전쟁에서 승리한 장군이 말을 타고 당당하게 백성들의 환호를 받으며 입성하는 모습을 연상하게 합니다. 승리한 장군과는 달리 예수님은 한 번도 타보지 않은 어린 나귀를 타시고 입성하셨습니다. 예수님은 겸손한 왕이십니다. 평화의 왕이십니다. 장군들이 싸움에 나갈 때 타는 말이 아니라 싸우지 못하는 나귀를 타시고 입성하셨습니다. 제자들은 예수님께서 타시도록 겉옷을 나귀 새끼 위에 걸쳤고, 군중들은 겉옷을 길가에 폈습니다. 왕에 대한 존경과 환영을 최대한 표현한 것입니다. 그리고 종려나무 가지를 길에 깔고 흔들기도 하며 "호산나 찬송하리로다 주의 이름으로 오시는 이여"라고 찬양하였습니다. '호산나'는 "지금 우리를 구원하소서"라는 뜻의 기도입니다. 원래는 찬양으로 불려지다 이후에 순례자들이나 유명한 랍비들을 환영할 때 사용되었습니다.

예수님의 입성을 환영하던 무리들은 "하늘에는 평화요 가장 높은 곳에는 영광이로다"라고 노래하였습니다. 이 말씀은 예수님께서 탄생하실 때 천사들의 찬양과 비슷한 느낌을 줍니다. 예수님께서 탄생하실 때는 "지극히 높은 곳에서는 하나님께 영광이요 땅에서는 하나님이 기뻐하신 사람들 중에 평화로다"라고 하였습니다. 하늘에는 원래 평화가 가득합니다. 예수님께서 왕으로 입성하시며 환영받으시는 것은 하늘의 평화라는 것입니다. 예수님께서 환영받으시며 높아지시는 것을 본 사람들 가운데 시기하며 시비하는 사람들이 있었습니다. 무리 속에 섞여 있던 바리새인들입니다. 이들은 "선생이여 당신들의 제자들을 책망하소서"라고 하였습니다. 예수님의 메시아적 행진과 군중의 열광이 로마의 압박을 불러올 정치적 위협이라고 생각했을 수 있습니다. 하지만 그보다 더 본질적으로는, 예수님을 향한 찬양을 메시아적 선포로 받아들여 이를 당시 큰 죄인 신성모독으로 여겼을 것입니다. 이에 대하여 예수님은 "만일 이 사람들이 침묵하면 돌들이 소리 지르리라"고 하셨습니다. 예수님께서 이렇게 말씀하신 것은 예수님을 메시아로 환호하는 무리의 찬양이 정당한 것을 확인하신 것입니다. 예수님을 메시아로 인정하지 않는 바리새인들에 대하여 예수님은 책망 받을 사람이 제자들이 아니라 바리새인들임을 일러주신 것입니다. 때로는 책망 받아야 할 사람이 다른 사람을 책망하고 책망하라고 할 때가 있습니다.

하나님을 찬양해야 할 상황에서 침묵하는 것은 죄입니다. 때로는 외부의 위협으로 하나님을 찬양하는 것을 외면하고, 예수님을 구주로 고백하는 것을 거절할 수 있습니다. 이런 침묵은 결코 신앙적 자세가 아닙니다. 예수님의 이 한 마디는 오늘을 사는 그리스도인들이 외부의 반 기독교적 위협이나 혐오 속에서, 복음과 그리스도인의 자긍심을 버리지 말고 떳떳하게 예수님께서 메시아이심을 선포해야 한다는 것을 일깨워 주십니다.

예루살렘에 입성하실 때의 종려나무 가지는 사순절과 깊은 의미를 가지고 있습니다. 기독교 전통에서는 예수님이 예루살렘에 입성하신 종려주일에 종려가지를 꺾어 한 해 동안 말립니다. 말린 종려나무 가지는 사순절 첫째 날에 태워 가루를 만들어 뿌립니다. 그래서 사순절의 첫날을 '재의 수요일'(Ash Wednesday)이라고 합니다.

왕으로 입성하신 예수님을 자랑합시다. 그리고 우리를 구원하시려고 스스로 고난을 향해 예루살렘으로 올라가신 예수님의 고난을 묵상하며 그 고난과 함께 합시다. 예수님께서 그리스도이심을 떳떳하게 선포하며 '호산나' 찬양하는 사순절의 하루, 고난주간의 시작이 되시기를 축복합니다.

오늘의 기도

십자가의 죽음이 나를 구원하시기 위한 유일한 길이었던 주님께서 예루살렘에 입성하신 날을 기억하며 경건하게 고난주간의 첫날을 살게 하소서.

DAY 36

성전을 깨끗케 하신 예수

오늘의 성경 구절/ 막 11:15-18

15 그들이 예루살렘에 들어가니라 예수께서 성전에 들어가사 성전 안에서 매매
하는 자들을 내쫓으시며 돈 바꾸는 자들의 상과 비둘기 파는 자들의 의자를
둘러 엎으시며
16 아무나 물건을 가지고 성전 안으로 지나다님을 허락하지 아니하시고
17 이에 가르쳐 이르시되 기록된 바 내 집은 만민이 기도하는 집이라 칭함을 받
으리라고 하지 아니하였느냐 너희는 강도의 소굴을 만들었도다 하시매
18 대제사장들과 서기관들이 듣고 예수를 어떻게 죽일까 하고 꾀하니 이는 무리
가 다 그의 교훈을 놀랍게 여기므로 그를 두려워함일러라

예루살렘에 올라가신 다음 날, 예수님은 성전을 깨끗하게 하셨습니다. 예수님께서 성전을 깨끗하게 하신 사건은 요한복음에는 공생애 초기에 하신 것으로 기록되어 있고, 공관복음서에는 공생애 말기에 하신 것으로 기록하고 있습니다. 이 런 기록의 차이에 여러 의견이 있지만 일반적으로 성전을 깨끗하게 하신 사건은 공생애 초기와 말기 두 번의 사건이라고 보고 있습니다.

예수님께서 예루살렘에 입성하신 다음 날 아침, 예수님께서는 베다니를 떠나 다시 예루살렘으로 들어가는 길에 있던, 잎이 무성하지만 열매가 없는 무화과나무를 저주하셨습니다. 성전에 들어가셨을 때 성전 안은 장사꾼의 소리로 소란스러웠습니다. 예수님께서는 "내 집은 만민이 기도하는 집이라 칭함을 받으리라고 하지 아니하였느냐 너희는 강도의 소굴을 만들었도다"라고 하셨습니다. 무화과나무를 저주하신 것은 있어야 할 것이 없기 때문이며, 성전을 깨끗하게 하신 것은 없어야 할 것이 있기 때문입니다. 이것은 인간의 마음의 상태이며 우리를 향한 예수님의 소리입니다.

성전은 기도하는 집인데 사람들은 강도의 소굴로 만들었습니다. 하나님의 집에 기도의 소리가 끊어지면 장사꾼의 소리가 들립니다. 기도하는 소리가 끊어진 교회는 다투는 소리가 들립니다. 기도의 소리가 끊어지면 세상 인간의 온갖 잡된 소리가 들립니다. 교회는 기도하는 집이어야 깨끗합니다. 기도하지 않으면 더러운 교회가 되어 예수님께서 깨끗하게 하셔야 합니다.

성전을 깨끗하게 하신 첫째 이유는 성전 안의 상업주의 때문이었습니다. 예수님께서 성전에 들어가셨을 때 소와 양과 염소와 비둘기 등 제사에 사용되는 짐승들을 파는 장사꾼들이 우글거렸습니다. 하나님께 제사하기 위하여 짐승이 필요하지만 성전 안에서 상업행위가 행해지는 것은 결코 있을 수 없는 일이었습니다. 성전 안에서는 장사들의 소리, 짐승의 우는 소리 등 시끄러운 소리가 그치지 않았습니다. 또 성전에 들어갈 때 내는 성전 세를 위하여 돈을 바꾸는 사람들까지 조용할 날이 없었습니다. 지금 교회도 이런 상업주의가 판을 치고 있습니다. 자신의 장삿속을 위해 교회에 나오는 사람이 있는가 하면 교회가 물질주의에 빠져서 서슴없이 상업행위를 하기도 합니다. 교회는 영리를 위한 어떤 행위도 용납되어서는 안 됩니다. 교회 안팎에서는 돈을 벌기 위한 어떤 일도 하지 말아야 합니다.

성전을 깨끗하게 하신 둘째 이유는 혼합주의입니다. 예수님 당시에 성전을 '헤롯 성전'이라고 불렀습니다. 이두매(에돔) 사람인 헤롯이 유대인들의 환심을 사기 위하여 정치적 목적으로 세워준 성전이기 때문입니다. 헤롯 성전은 세울 때부터 하나님의 영광이 아니라 자신의 정치를 위한 것으로 정치와 종교의 혼합된 가치가 섞여 있었습니다. 하나님을 알지 못하는 이방인이 자신의 이기적 목적으로 성전을 완공하기 위하여 갖은 술수를 다 부렸던 것입니다. 정치와 종교는 혼합되어서는 안 되고 분리되어야 하며 서로가 상대를 위한 필요조건이 되어야 합니다. 상대를 억압하는 존재가 되어서도 안 되며, 상대와 야합하는 존재가 되어서도 안 됩니다. 서로가 지배하거나 종속하는 것은 참 가치가 아닙니다. 참 교회는 혼합주의를 철저하게 배격합니다. 교회가 세상의 것과 혼합될 때 교회의 본질은 훼손되고 가치를 상실하게 되는 것입니다.

성전을 깨끗하게 하신 셋째 이유는 교권주의입니다. 당시에는 대제사장과 바리새인, 사두개인 등 유대주의자들의 힘이 성전과 세상을 지배했습니다. 그들은 주어진 힘을 자신들의 이익을 위한 권리로 사용하였습니다. 당시의 교권주의는 근본적인 타락의 동기였고, 성전이 강도의 소굴이 되게 하는 원인이었습니다. 대제사장들은 종교의 최고 지도자입니다. 그러나 당시의 대제사장직은 안일하게 본분 이상의 권력만 행사하는 자리가 되고 말았습니다. 원래 성전 밖에서 제사용 짐승을 팔 수 있었지만 대제사장들은 상인들에게 자릿세를 받고 성전 안에서 장사할 수 있도록 허락해 주었습니다. 하나님의 집을 자신들의 이익을 위하여 더럽힌 장본인들이었습니다. 이런 교권주의는 기독교 역사에서 흔하였고, 중세시대에는 교황청의 배를 불리는 수단이었으며 종교개혁의 주원인이 되었습니다. 지금도 교회의 교권주의는 교회를 타락하게 하는 원인이 되는 것입니다.

성전을 깨끗하게 하신 넷째 이유는 형식주의 내지 편의주의입니다. 성전에 올 때는 미리 제사용품을 준비하고 성전 세를 바꾸어 두어야 합니다. 그러나 시간이 지날수록 성전 제사는 형식으로 흐르게 되었고, 준비하지 않아도 성전에 오면 얼마든지 그날의 형편에 따라서 짐승을 살 수 있었으므로 제사가 형식이 되고 편의주의에 빠지게 된 것입니다. 처음에는 불가피하게 준비하지 못한 사람이나 여행자를 위한 것이었지만 점점 모두가 쉽게 제사를 드리게 된 것입니다. 예수님께서는 노끈으로 채찍을 만들어 상인들의 상을 엎으시고 성전에서 쫓아내셨습니다.

예수님의 채찍을 생각해 보세요. 우리는 때로 내가 채찍을 들 생각을 합니다. 그러나 우리는 채찍을 들 자격이 없습니다. 우리는 주님 손에 들려진 채찍이 되어야 합니다. 성전을 깨끗하게 하실 때 제일 아프고 고통을 받아야 할 것은 채찍, 즉 우리 자신입니다. 이 시간 내가 속한 교회를 묵상합니다. 주님은 교회가 깨끗하여 기도하는 하나님의 집이 되기를 기대하십니다. 우리 교회가 깨끗하게 되려면 내가 주님 손에 들려진 채찍이 되어 먼저 아파야 하고 죽어야 합니다. 교회가 깨끗하기를 원하시는 주님을 깊이 묵상하며 이를 위하여 기도하는 사순절의 하루가 되시기를 축복합니다.

오늘의 기도

주님의 몸인 교회가 세상의 것으로 오염되지 않게 하시고 교회를 기도하는 집으로 지키는 나의 삶이 되게 하소서.

37 DAY

나사렛 예수 유대인의 왕

오늘의 성경 구절/ 요 19:19-22

19 빌라도가 패를 써서 십자가 위에 붙이니 나사렛 예수 유대인의 왕이라 기록되
었더라
20 예수께서 못 박히신 곳이 성에서 가까운 고로 많은 유대인이 이 패를 읽는데
히브리와 로마와 헬라 말로 기록되었더라
21 유대인의 대제사장들이 빌라도에게 이르되 유대인의 왕이라 쓰지 말고 자칭
유대인의 왕이라 쓰라 하니
22 빌라도가 대답하되 내가 쓸 것을 썼다 하니라

십자가는 그리스도교의 상징일 뿐만 아니라 예수님께서 우리를 구원하신 표입니다. 예수님께서 우리를 구원하시기 위한 가장 좋은 선택이 십자가에서 죽으신 것이었습니다. 십자가의 죽으심은 이미 구약성경을 통하여 예언한 것을 이루신 것입니다. 십자가형이란 중동지방과 로마에서 흔히 흉악범들에게 사용되던 사형제도였습니다. 당시에 십자가는 주로 T자형이 많았다고 하는데 예수님이 달리신 십자가는 十자형이었을 것이라고 합니다. 왜냐하면 예수님의 십자가에는 패

가 붙어있었기 때문입니다.

십자가는 사형 틀이지만 우리에게 많은 의미를 주고 있습니다. 십자가의 세로 막대는 하나님과 인간을, 가로 막대는 사람과 사람을 이어주는 것을 의미합니다. 또 십자가는 하나님의 공의와 사랑을 뜻합니다. 하나님의 사랑은 모든 죄를 다 용서하시고 구원하시는 것입니다. 반면에 하나님의 공의는 인간의 죄를 절대로 용서하지 않고 심판을 받게 해야 합니다. 인간이 죄를 지으므로 하나님의 사랑과 공의가 충돌하고 모순이 생긴 것입니다. 하나님께서는 반드시 용서하셔야 하는 하나님의 사랑과 반드시 형벌을 주어야 하는 하나님의 공의의 모순을 아들 예수님께서 십자가에서 죽으심으로 해결하셨습니다. 인류의 모든 죄를 예수님께 다 떠넘기시고 인간을 구원하신 것입니다. 또 십자가는 화해의 상징입니다. 예수님께서는 십자가로 이 둘을 한 몸으로 화목하게 하시고, 원수된 것을 십자가로 소멸하셨습니다. 십자가는 우리와 하나님이 하나가 되게 이어주는 다리, 화해의 다리입니다.

예수님은 이런 깊은 의미를 가진 십자가를 지셨고 골고다 언덕에서 십자가에 달리셨습니다. 유대인들은 흉악한 강도인 바라바를 놓아주고 예수님을 십자가에 못 박으라고 아우성이었고, 심지어 구세주를 십자가에 못 박은 대가를 자신과 후손들에게 돌리라고 하였습니다. 골고다 언덕까지 가는 길에는 수많은 구경꾼들이 몰려와 예수님을 조롱하고 로마에 반역한 죄수로 여기며 십자가에서 죽는 모습을 구경했습니다. 빌라도는 예수님의 십자가 위에 '나사렛 예수 유대인의 왕'이란 죄인의 패를 붙였습니다. 유대인 대제사장들은 자칭 유대인의 왕이라 쓰자고 했지만 빌라도는 "내가 쓸 것을 썼다"라고 했습니다. 빌라도와 유대 군중은 예수님을 조롱하기 위하여 패를 써 붙였지만 얼마나 정확하게 예수님께서 누구신가를 적었는지 모릅니다.

예수님은 '나사렛 예수'이십니다. 예수님은 왕이 태어날 '예루살렘 예수'도 아니셨고, 다윗의 성인 '베들레헴 예수'도 아니셨습니다. 예수님은 당시에 가장 천한 동네, 사람들이 관심도 가지지 않던 죄인의 동네인 나사렛의 예수님이십니다. 심지어 "나사렛에서 무슨 선한 것이 날 수 있느냐"라고 말할 만큼 선하지 못한 동네 사람으로 사신 것입니다. 예수님은 천한 사람들, 죄인들이 사는 동네 사람이기를 원하셨습니다. 이것이 세리와 죄인의 친구로 오신 예수님의 목적이기도 했습니다.

안식 후 첫날 막달라 마리아와 여인들이 예수님의 무덤을 찾아갔습니다. 예수님께서 부활하셨고 무덤은 비어 있었습니다. 당황하던 여인들에게 예수님께서 "너희가 십자가에 못 박히신 나사렛 예수를 찾는구나 그가 살아나셨다"라고 하셨습니다. 부활하신 예수님은 나사렛 예수이십니다.

베드로와 요한이 기도 시간에 성전에 올라가다 걷지 못하는 한 사람을 만났습니다. 그는 성전에 들어가는 베드로와 요한에게 구걸하였습니다. 베드로와 요한은 "은과 금은 내게 없거니와 내게 있는 이것을 네게 주노니 나사렛 예수 그리스도의 이름으로 일어나 걸으라"라고 하여 걷고 뛸 수 있도록 고쳐 주었습니다. 우리를 치유하시는 예수님은 나사렛 예수이십니다.

바울은 예수님을 믿는 자들을 박해하기 위하여 다메섹으로 가고 있었습니다. 다메섹에 가까이 갔을 때에 큰 빛이 하늘에서 내려와 바울은 땅에 엎드려졌습니다. 그는 놀라서 "주님 누구시니이까?"라고 하였습니다. 이 때 하늘에서 "나는 네가 박해하는 나사렛 예수라"고 하였습니다. 사울이 바울이 되게 인생을 변화시키신 예수님은 나사렛 예수이십니다. 나사렛 예수가 아니면 우리는 여전히 천하고, 절망적이고, 죽을 수밖에 없습니다. 나사렛 예수는 우리를 구원하시고, 부활하시고, 치유하시고, 변화시키시는 주님이십니다.

요한복음은 예수님 십자가의 패가 히브리와 로마와 헬라어로 기록되었다고 합니다. 이것은 예수님께서 유대인의 왕이 되심을 온 천하에 선포하는 역사적 기록입니다. 역사가들은 고대사회가 큰 세 물줄기로 이루어졌다고 합니다. 로마의 정치와 법률, 헬라의 문화와 문학 그리고 히브리의 종교입니다. 로마는 313년 콘스탄티누스 대왕이 기독교를 공인한 이후에 기독교 국가가 되었습니다. 지금도 로마에 가면 많은 기독교 유적들을 볼 수 있습니다. 헬라는 바울이 방문하여 아레오바고에서 설교한 이후에 신화와 미신이 물러가고 기독교 국가가 되었습니다. 지금 헬라는 전 국민의 98%가 기독교인이라고 합니다. 고대사회의 세 물줄기는 서서히 히브리의 종교에 흡수되어 하나의 물줄기로 바뀌게 되었습니다. 예수님을 조롱하기 위하여 써놓은 패가 예수님을 증언하는 위대한 선포가 되었다는 것입니다.

예수님께서 유대인의 왕이란 사실은 천년, 만년이 지나도 절대로 변하지 않습니다. 십자가에 달리신 주님은 '나사렛 예수 유대인의 왕'이십니다. 변하지 않는 우리 주님이신 예수님은 지금도 나사렛 예수이시며 우리의 왕이십니다. 우리를 구원하시려고 나사렛 예수가 되시며, 십자가에서 죽으신 주님을 깊이 묵상하고 사순절의 하루를 살아내는 우리가 되길 축복합니다.

오늘의 기도

나를 구원하시려고 나사렛 예수가 되셔서 십자가에 달리신 주님께 감사하며 구원의 감격과 기쁨 속에 살게 하소서.

DAY 38

십자가에서 내려오라

오늘의 성경 구절/ 마 27:40-44

40 이르되 성전을 헐고 사흘에 짓는 자여 네가 만일 하나님의 아들이어든 자기를
구원하고 십자가에서 내려오라 하며
41 그와 같이 대제사장들도 서기관들과 장로들과 함께 희롱하여 이르되
42 그가 남은 구원하였으되 자기는 구원할 수 없도다 그가 이스라엘의 왕이로다
지금 십자가에서 내려올지어다 그리하면 우리가 믿겠노라
43 그가 하나님을 신뢰하니 하나님이 원하시면 이제 그를 구원하실지라 그의 말
이 나는 하나님의 아들이라 하였도다 하며
44 함께 십자가에 못 박힌 강도들도 이와 같이 욕하더라

예수님께서 십자가에 못 박하시는 장면은 당시에 대단한 구경거리였습니다. 예수님의 말씀을 듣고 기적을 본 사람들은 로마의 지배 아래 있던 나라를 정치적으로 해방시켜 주기를 바라던 메시아가 로마 군인의 손에 처형당하는 모습에 실망했을 것입니다. 대제사장들과 바리새인 등 유대주의자들은 자신들이 고소한 예수님이 사형당하는 모습을 확인하려고 했을 것입니다. 예수님의 십자가형은 예루살렘이 소동할 만큼

큰 사건이었습니다.

예수님께서는 우리 모두의 죄를 위하여 홀로 십자가에 외롭게 달리셨습니다. 당시에 십자가형이란 악한 강도나 로마 제국에 대한 반역자 등 흉악범에 대한 사형제도였습니다. 예수님을 강도들과 함께 십자가에 못 박았다는 것은 로마 총독과 군인들이 예수님을 흉악범으로 보았다는 뜻입니다. 예수님의 십자가를 두 강도 사이에 세웠다는 것은 강도보다 악한 죄인이라는 상징이었을 것입니다. 한 편 강도는 "네가 그리스도가 아니냐 너와 우리를 구원하라"고 하였고 다른 하나는 "네가 동일한 정죄를 받고서도 하나님을 두려워하지 아니하느냐"고 하였습니다. 그리고 그는 예수님께 "예수여 당신의 나라에 임하실 때에 나를 기억하소서"라고 하였습니다. 예수님은 그에게 "내가 진실로 네게 이르노니 오늘 네가 나와 함께 낙원에 있으리라"고 하시어 구원을 선포하셨습니다. 양 옆의 두 사람은 세상에서는 똑같이 흉악한 강도였지만 그들의 내세는 완전히 달랐습니다. 예수님이 그리스도이심을 조롱하는 사람은 멸망에, 인정하고 고백하는 사람은 구원에 이르게 됩니다. 또 한 가지 중요한 사실은 구원이란 그리 긴 시간을 요구하는 것이 아니라는 것입니다. 한 편 강도는 평생 악하게 살았고 십자가에 못 박힐 만큼 흉악한 죄인이었지만 그리스도를 의지하고 고백하므로 순간적으로 구원을 얻었습니다.

구원은 예수님을 그리스도로 고백함으로 얻는 것입니다.

십자가에 달리신 예수님을 군중들은 조롱합니다. "네가 만일에 하나님의 아들이어든 자기를 구원하고 십자가에서 내려오라"는 것입니다. 처음에는 로마 군인들이, 그 다음에는 군중들이 그리고 대제사장과 서기관과 장로들이 예수님을 조롱하였습니다. 예수님은 그들의 시험 섞인 조롱을 묵묵히 견디셨습니다. 공생애를 시작하실 때 40일을 금식한 다음 예수님을 시험했던 마귀가 예수님께 "네가 만일에 하나님의 아들이어든"이라고 하였는데 조롱하던 자들은 같은 말로 예수님을 시험합니다. 그 마귀가 다시 와서 가장 육체적 고통이 심한 십자가에 달리셨을 때에 같은 말로 시험하는 것입니다. 마귀는 하나님의 뜻을 어기고 고통을 피하라고 예수님을 시험하였습니다. 인간을 구원하러 오신 예수님은 자신의 고통을 피하기 위하여 기적을 베풀지 않습니다. 예수님의 기적은 인간을 구원하기 위한 목적이지 예수님 자신을 위한 것이 아니기 때문입니다. 그들은 "그가 남은 구원하였으되 자기는 구원할 수 없도다"라는 말로 조롱하였습니다. 그러나 이 말은 조롱이 아니라 사실입니다. 예수님은 인간을 구원하시기 위하여 자신을 구원하시기 않고 스스로 버리셨습니다. 사람들의 조롱이 예수님께 진리인 것입니다.

예수님께서는 정말 견딜 수 없는 고통을 당하셨습니다.

예수님이 당하시는 십자가의 고통은 인간의 어떤 것보다 더 심한 고통이었을 것입니다. 우리는 때때로 예수님께서 하나님이시기에 그 고통이 쉬울 것이라고 오해합니다. 그러나 인간이 당하는 고통과 죽음이 없는, 하나님이신 예수님이시기에 주님은 인간이 당하는 고통 이상의 고통을 당하셨습니다. 예수님께서 "나의 하나님 나의 하나님 어찌하여 나를 버리셨습니까?"라고 하늘을 향해 부르짖으실 때 아버지 하나님의 마음도 찢어지셨을 것입니다. 예수님께서 "내가 목마르다"라고 절규하셨을 때 그 고통이 극에 달했을 것입니다. 이런 인간의 몸을 입은 고통으로 십자가에 달려 계시는 예수님께 "십자가에서 내려오라"는 유혹은 가장 절실한 욕망을 채우라는 것이었습니다. 예수님은 극한의 상황에서 당하는 시험도 인간을 구원하실 언약으로 이기신 것입니다.

십자가의 고통을 견디신 주님을 바라봅시다. 얼마든지 십자가에서 내려올 수 있는 하나님이셨지만, 내려오셨다면 우리의 구원은 영원히 사라졌을 것입니다. 우리를 구원하시기 위한 십자가의 주님을 묵상하며, 주님의 고통에 참여하며, 그 은혜에 감사하는 고난주간이 되기를 축복합니다.

오늘의 기도

십자가에서 극한의 고통을 견디시며 나를 구원하신 주님을 묵상하며 그리스도와 함께 십자가에 못 박히는 삶을 살게 하소서.

DAY 39

다 이루었다

오늘의 성경 구절/ 요 19:26-30

26 예수께서 자기의 어머니와 사랑하시는 제자가 곁에 서 있는 것을 보시고 자기 어머니께 말씀하시되 여자여 보소서 아들이니이다 하시고
27 또 그 제자에게 이르시되 보라 네 어머니라 하신대 그 때부터 그 제자가 자기 집에 모시니라
28 그 후에 예수께서 모든 일이 이미 이루어진 줄 아시고 성경을 응하게 하려 하사 이르시되 내가 목마르다 하시니
29 거기 신 포도주가 가득히 담긴 그릇이 있는지라 사람들이 신 포도주를 적신 해면을 우슬초에 매어 예수의 입에 대니
30 예수께서 신 포도주를 받으신 후에 이르시되 다 이루었다 하시고 머리를 숙이니 영혼이 떠나가시니라

가장 긴박한 상황에서 입을 열었다면 그것은 제일 소중한 진심일 것입니다. 십자가에 달리신 예수님께서는 순간순간 극한의 고통 속에서 일곱 마디의 말씀을 하셨습니다. 이 일곱 마디의 말씀은 긴 설교나 교훈보다 더 의미가 컸습니다. 우리가 부모님의 유언을 소중하게 생각하듯이 십자가에 달리신 예수님의 말씀은 유언과 같은 것이었습니다.

첫 번째 말씀은 "아버지 저들을 사하여 주옵소서 자기들이 하는 것을 알지 못함이니이다"(눅 23:34)입니다. 이 말씀은 용서의 말씀입니다. 예수님께서는 인간의 죄를 용서하시기 위하여 중보자로 이 땅에 오셨습니다. 구약시대에는 대제사장이 하던 사죄의 중보자의 역할을 홀로 십자가에서 한 번으로 영원히 하신 것입니다. 메시아 예언장인 이사야 53장에는 예수님께서 모든 사람의 죄를 담당하시고 범죄자를 위하여 기도하실 것이라고 하였는데 십자가에서 이 예언을 성취하신 것입니다. 이 기도는 예수님을 십자가에 못 박는 그들뿐만 아니라 자신들의 하는 일을 알지 못하고 죄를 짓고 사는 우리 모두를 위한 기도입니다. 이것은 돌에 맞아 순교하는 마지막 순간에 용서의 기도를 드렸던 스데반에게 이어졌으며 우리 모두에게 필요한 용서의 기도입니다.

두 번째 말씀은 "내가 진실로 네게 이르노니 오늘 네가 나와 함께 낙원에 있으리라"(눅 23:43)입니다. 이는 구원의 말씀입니다. 예수님을 그리스도로 믿는 순간 즉각적으로 구원을 얻습니다. 평생 죄인으로 살며 십자가형에 처해진 강도가 예수님을 고백하는 순간 구원을 얻게 된 것입니다. 이 강도는 "당신의 나라에 임하실 때에 나를 기억하소서"라고 명확하지 않게 말하였지만 예수님은 "오늘 네가 나와 함께 낙원에 있으리라"고 하셔서 명확하게 구원의 확신을 주셨습니다.

세 번째 말씀은 "여자여 보소서 아들이니이다", "보라 네 어머니라"고 하신 말씀입니다. 이 말씀은 사랑의 말씀입니다. 예수님께서 못 박히신 십자가 아래에는 예수님의 어머니 마리아와 여러 여인들이 지켜보고 있었습니다. 예수님께서는 십자가에 달리신 채로 어머니와 제자 요한을 향해 "여자여, 보소서 아들이니이다"라고 말씀하셨고 요한에게 "보라 네 어머니라"라고 하셨습니다. 마리아는 어쩌면 세상에서 가장 고통스런 어머니였을 것입니다. 하나님의 아들을 성령으로 잉태하여 자신의 아들이 되게 하였고, 끝없는 비난과 죽음에 직면하는 것을 보아야 했습니다. 그리고 마지막 십자가에 못 박히는 장면을 보아야 했습니다. 이런 어머니를 향해 예수님은 "아들이니이다"라고 하셨습니다. 예수님께서 요한에게 어머니를 부탁하며 "네 어머니다"라고 하신 것은 가장 소중한 어머니를 가장 믿음직한 제자에게 맡기신 것입니다. 예수님의 일곱 마디 말씀 가운데 두 가지가 부탁의 말씀입니다. 하나는 어머니이고, 다른 하나는 영혼입니다. 인간적으로 가장 중요한 것은 어머니였고, 영적으로 가장 중요한 것은 영혼이었습니다.

네 번째 말씀은 "엘리 엘리 라마 사박다니"입니다. 이 말씀을 해석하면 "나의 하나님 나의 하나님 어찌하여 나를 버리셨나이까"라는 뜻입니다. 이 말씀은 시편 22편 1절을 인용

한 것으로 극한의 고통을 나타냅니다. 예수님께서 인간이 죄로 말미암아 하나님과 분리된 상태를 대신 속죄하기 위하여 하나님과 단절을 경험하신 것입니다. 즉 하나님께 버림을 받으신 것입니다. 예수님께서 하나님을 "나의 하나님"이라 하신 것은 모든 구원자로서의 사명을 마치시고 하나님을 공적으로 부르신 것입니다.

다섯 번째 말씀은 "내가 목마르다"입니다. 이것은 고통과 갈망의 말씀입니다. 이 말씀은 단순히 인간적인 육체적 갈증이 아닙니다. 예수님께서 인류의 죄를 대속하기 위한 구속의 갈망을 표현하신 것입니다. 우승을 많이 한 운동선수가 "아직도 우승에 목마르다"고 하는 말과 같습니다. 이 말씀은 시편 69편 21절의 성취이며, 아담 이후 죄로 인한 하나님과의 단절로 인간의 영적 목마름을 친히 해결하시려는 구세주의 목마름을 의미합니다. 우리의 구주이신 예수님은 지금도 한 영혼을 구원하시기 위해 목말라하십니다.

여섯 번째 말씀은 "다 이루었다"입니다. 이 말씀은 승리의 말씀으로 예수님께서 구세주로서 구속의 역사를 완성하셨다는 선언입니다. 이 말씀은 헬라어로 '테텔레스타이'라는 말입니다. 이 단어는 고대 헬라에서 차용증서에 부채를 완전히 상환했다는 뜻으로 사용했습니다. '빚을 다 갚았다'는 뜻입니다. 예수님께서 자신의 생명으로 인간의 모든 빚을 다 갚았다는 것입니다. 이제는 갚을 빚이 없으니 모든 인류를 속박에서 풀어놓으라는 예수님의 선포이기도 합니다. 예수님이 십자가에서 돌아가시자 마귀는 자신이 이긴 줄 알았지만 예수님께서는 죄와 사망을 이기시고 승리하셨습니다.

일곱 번째 말씀은 "아버지 내 영혼을 아버지 손에 부탁하나이다"입니다. 이 말씀은 위탁의 말씀으로 아버지 하나님을 향한 절대적인 신뢰를 표현합니다. 예수님의 죽음은 사람으로 이 땅에 오신 구세주의 사역을 종식하는 것이었습니다. 인간이 되신 예수님께서 아버지께 영혼을 맡기시며 다시 아버지 하나님 우편으로 가실 길을 여셨습니다. 동시에 이 말씀은 예수님께서 우리 영혼의 구원을 이루셨음을 선포하신 것입니다.

예수님께서 십자가에 달리신 성금요일입니다. 제6시인 정오에 십자가에 달리셨으며, 제9시인 오후 3시에 운명하셨습니다. 십자가에서 주님께서 절규하신 일곱 마디의 말씀을 차근차근 묵상하며 경건한 오늘을 보내시길 축복합니다.

오늘의 기도

나를 위하여 십자가에 못 박히신 성금요일에 내 십자가를 지고 주님을 따를 수 있는 거룩하고 경건한 날이 되게 하소서.

40 DAY

굳게 닫힌 예수의 무덤

오늘의 성경 구절/ 마 27:62-66

62 그 이튿날은 준비일 다음 날이라 대제사장들과 바리새인들이 함께 빌라도에
게 모여 이르되
63 주여 저 속이던 자가 살아 있을 때에 말하되 내가 사흘 후에 다시 살아나리라
한 것을 우리가 기억하노니
64 그러므로 명령하여 그 무덤을 사흘까지 굳게 지키게 하소서 그의 제자들이 와
서 시체를 도둑질하여 가고 백성에게 말하되 그가 죽은 자 가운데서 살아났다
하면 후의 속임이 전보다 더 클까 하나이다 하니
65 빌라도가 이르되 너희에게 경비병이 있으니 가서 힘대로 굳게 지키라 하거늘
66 그들이 경비병과 함께 가서 돌을 인봉하고 무덤을 굳게 지키니라

고대 중동에는 몇 가지 흉악한 사형제도가 있었습니다. 첫째는 십자가형입니다. 로마제국 시대에는 노예나 반란군, 반역자들에게 십자가형을 내렸습니다. 둘째는 짐승의 가죽을 벗겨 그 말랑말랑한 가죽을 사형수에게 입히고 꽁꽁 묶어 뙤약볕에 두는 형입니다. 가죽은 마르면서 줄어들므로 굉장한 고통 가운데서 서서히 죽어갔다고 합니다. 셋째는 사형수를 시체와 마주 보게 한 채 하나로 묶어두는 형입니다. 사형수의

입과 시체의 입, 가슴과 가슴이 맞닿아 있어 처음에는 공포감에 사로잡히고, 시체와 묶여 있으니 금방 썩어버린다고 합니다. 이 가운데 십자가형은 군중들에게 사형수의 형벌을 공개한 가장 굴욕적인 사형제도였습니다.

예수님은 십자가에 못 박히시며 하나님으로 당할 수 없는 온갖 모욕과 수치를 당하셨습니다. 망치 소리와 함께 예수님의 손과 발에는 굵은 못이 박혔습니다. 머리에는 가시관을 씌우고 유대인의 왕이라고 조롱하였습니다. 군중들의 야유와 "내려와 보라"는 유혹, 그리고 한 청년의 죽음을 처량하게 여기며 혀를 차는 사람들 가운데서 예수님은 서서히 죽음을 맞이하셨습니다. 예수님의 옷을 제비뽑아 나누는 로마군인들, 예수님의 죽음을 끝까지 지켜보며 확인하려는 대제사장들, 예수님의 십자가를 애처롭게 바라보고 마음을 졸이는 어머니와 여인들이 십자가 아래를 지키고 있었습니다.

로마 군인들은 예수님의 죽으심을 빨리 끝내고 돌아가고 싶었을 것입니다. 그날은 안식일을 준비하는 날이므로 유대인들은 빌라도에게 죄수들의 다리를 꺾어 시체를 치워달라고 하였습니다. 다른 죄수들은 다리를 꺾었지만 예수님은 이미 운명하셨으므로 한 군인이 예수님의 옆구리를 창으로 찔렀습니다. 예수님의 옆구리에서는 피와 물이 흘렀습니다. 피와 물은 구원과 변화를 상징합니다. 예수님의 죽으심은 우리의 구원과 지속적인 변화를 요구합니다.

예수님의 한 숨은 제자 아리마대 요셉은 빌라도에게 예수님의 시체를 가져가게 해 달라고 하였고 빌라도는 이를 허락하였습니다. 예수님의 또 다른 숨은 제자 니고데모는 몰약과 침향을 가지고 와서 예수님의 시체에 바르고 세마포로 싸서 예수님께서 못 박히신 곳에서 가까운 새 무덤에 장사지냈습니다. 대제사장들과 바리새인들은 예수님께서 사흘 후에 살아나리라고 하신 말씀을 기억하고 빌라도에게 가서 예수님의 제자들이 예수님의 시체를 도둑질하고 부활하였다고 거짓말할 것이니 사흘까지 굳게 지켜 달라고 하였습니다. 빌라도는 경비병들을 보내어 큰 돌을 굴려 인봉하고 무덤을 굳게 지키게 하였습니다.

세상의 권력자들은 자신들의 꾀로 예수님의 부활을 방해하려고 하였지만 오히려 이것이 부활의 증거가 되었습니다. 그들이 무덤 문을 막은 돌은 몇몇 사람의 힘으로는 도저히 굴릴 수 없는 심히 큰 돌이었습니다. 부활의 아침 막달라 마리아와 야고보의 어머니 마리아와 살로메가 그 무덤으로 가며 “누가 우리를 위하여 무덤 문에서 돌을 굴려 주리요”라고 한 것을 보면 그 돌이 얼마나 크고 무거운 돌인지 짐작할 수 있습니다. 로마 군인들은 예수님의 시체를 훔쳐가지 못하게 하려고 돌을 굴려놓고 인봉하였습니다. 로마인들은 기원전 2세

기부터 시멘트를 건축 재료로 사용하여 위대한 건축물을 많이 남겼습니다. 무덤에 돌을 굴려놓고 인봉하였다면 시멘트로 하였을 가능성이 큽니다. 만일 바위 무덤에 돌을 굴려놓고 시멘트로 인봉하였다면 몇몇 사람의 힘으로 인봉을 떼고 돌을 굴려놓는다는 것은 불가능할 것입니다. 그들은 예수님의 부활을 방해하려고 최고의 수단을 동원하였지만 오히려 부활의 증거가 된 것입니다.

예수님을 장사한 무덤에는 시체를 훔쳐가지 못하도록 로마 군인들이 단단히 지키고 있었습니다. 그러나 무덤의 인봉도 떨어지고 돌문도 열렸습니다. 마태복음에는 큰 지진이 나며 천사가 하늘에서 내려와 돌을 굴려 내고 그 위에 앉아 있었다고 합니다. 로마는 당시에 최강의 국가로 로마 군인은 세계 최강의 군대였습니다. 만일에 로마 군인들이 지키고 있음에도 불구하고 예수님의 시체가 무덤에서 없어졌다면 세계 최강 군대의 굴욕입니다. 세계 최강의 군대가 지키고 있었다는 것이 오히려 부활의 증거가 된 것입니다. 사람들은 자신들의 꾀와 힘으로 예수님의 부활을 방해하려고 하였습니다. 그러나 예수님의 부활을 막을 수 있는 것은 아무 것도 없었습니다. 예수님은 부활하셔야 합니다. 그래야 우리에게 죽음 이후의 영원한 소망이 있습니다. 예수님은 부활하셨습니다. 그래서 장차 우리를 영원한 하나님의 나라에 살게 하십니다.

사순절의 마지막 날인 오늘, 주님께서 무덤에 계십니다. 예수님의 무덤은 지난날의 소란함이 사라진 채 고요하지만, 그 정적 속에서 다시 살아나실 부활의 소리가 들려옵니다. 예수님의 무덤 속은 죽음이 아니라 생명이 살아 움직이고 있습니다. 무덤 속의 예수님을 묵상해 보세요. 사람들은 죽으셔서 묻히셨다고 하지만 예수님은 살아계셔서 부활을 예비하십니다. 생명으로 꽉 찬 무덤 속에서 주님과 머물며, 우리를 위한 예수님의 고난과 죽으심을 깊이 묵상하는 날이 되시기를 바랍니다. 예수님의 고난과 죽으심에 함께하여 찬란한 부활의 영광도 함께 누리는 새 생명의 그리스도인이 되시기를 축복합니다.

오늘의 기도

주님께서 고요히 무덤 속에 계시는 시간, 찬란한 생명의 부활을 기다리며 경건하게 사는 하루가 되게 하소서.